Willkommen zwischen Pleiße und Mulde!

»Ein Kluger, der sein Haus auf Fels gebaut«, so heißt es in der Bibel (Matthäus 7,24). Die Altvorderen in Beucha nahmen einst Jesu Gleichnis wörtlich. Doch sie konnten nicht ahnen, dass später einmal der Fels um ihre Kirche, just zum Bau des Völkerschlachtdenkmals in Leipzig, abgetragen werden würde. Standhaft ist die Kirche mit ihrem nun idyllischen Anblick geblieben, wie ihn das Cover zeigt. Allerdings auch etwas abseits vom Geschehen. Der Zugang ist nicht mehr für jedermann ohne Weiteres zu finden.

Hier bietet sich uns eine Metapher für die Situation, in der sich Kirche hierzulande und erst recht in unserer von Gegensätzen geprägten Region befindet. Auch der eigentliche Grund der Kirche, das lebensstiftende Wort Gottes, durch die Reformation wieder zum klaren Leuchten gebracht, gibt in unseren Orten zwischen Pleiße und Mulde auf besondere Weise noch heute Zeugnis. Ob Borna, Grimma oder Leisnig, hier war Luther selbst mehrfach vor Ort und hat gepredigt.

Inzwischen werden hier malerische Vierseithöfe und Obstplantagen kontrastiert von einer sich wandelnden Tagebaulandschaft. Hier finden sich imposante Burganlagen und barocke Schlösser. Die lebendige Großstadt Leipzig, neu entstandene Seen und beschauliche Dörfer liegen nur wenige Kilometer auseinander. Sie alle sind Zeugen der wechselvollen Geschichte einer Region, die durch die Reformation geprägt wurde, die aber auch selbst diese Epoche prägte.

Aus Nimbschen nahe Grimma floh die Nonne Katharina von Bora, Luthers spätere Frau. Auf der Burg Gnandstein lebte die Familie von Einsiedel, die sich schon früh der Lehre Luthers zuwandte. Die Bürger Leisnigs versuchten, mit ihrer Kastenordnung neue Wege der sozialen Absicherung zu gehen, und in Mügeln residierten die letzten Meißner Bischöfe, die weiterhin ihren Einfluss auf das Wurzener Stiftsland ausübten. Über die Reformationszeit hinaus prägte die Region die Geschichte. Das prächtige Jagdschloss Hubertusburg, in dem 1763 der Siebenjährige Krieg beendet wurde, sei nur als ein Beispiel genannt.

Es lohnt sich, unsere Region nicht nur mit dem vorliegenden Band, sondern auch vor Ort kennenzulernen. Sie sind willkommen!

Ihre Superintendenten

Arnold Liebers
Leisnig-Oschatz

Matthias Weismann
Leipziger Land

Inhalt

DAS BURGENLAND — *Zwischen Pleiße und Mulde haben sich zahlreiche imposante Burgen wie Kriebstein bei Waldheim hoch über dem Zschopautal erhalten.*

DAS OBSTLAND —
*Die Region zeichnet sich bis heute durch den Obstanbau aus,
der ihr einen ganz besonderen Charakter verleiht.*

DAS WURZENER STIFTSLAND — *Wurzen und sein Umland gehörten lange zum weltlichen Herrschaftsbereich des Meißner Bischofs.*

DIE REGION ZWISCHEN PLEISSE UND MULDE ENTDECKEN

Die Region mit zahlreichen Zeugen der Geschichte hat ihr Gesicht vom Mittelalter bis zur jüngsten Vergangenheit immer wieder gewandelt.

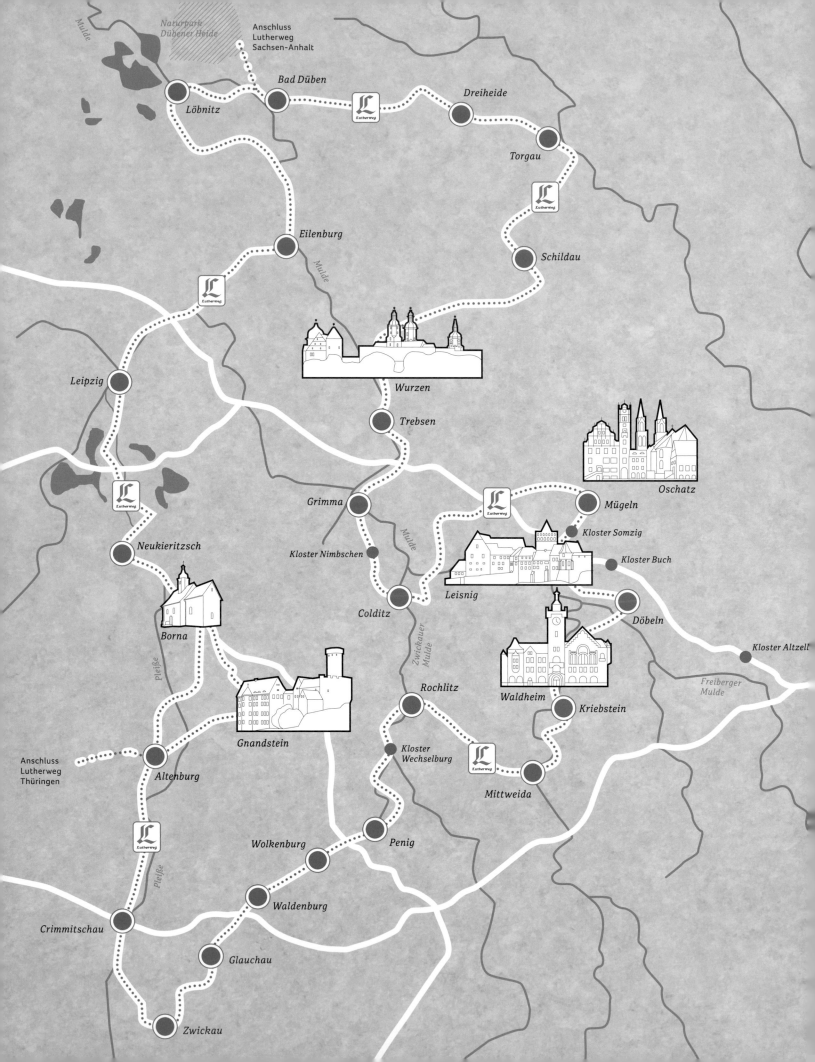

Naturpark
Dübener Heide

Mulde

Anschluss
Lutherweg
Sachsen-Anhalt

Bad Düben

Löbnitz

Lutherweg

Dreiheide

Torgau

Lutherweg

Schildau

Eilenburg

Lutherweg

Mulde

Wurzen

Leipzig

Trebsen

Oschatz

Lutherweg

Mügeln

Kloster Somzig

Grimma

Lutherweg

Neukieritzsch

Kloster Nimbschen

Mulde

Kloster Buch

Leisnig

Borna

Colditz

Döbeln

Kloster Altzell

Waldheim

Anschluss
Lutherweg
Thüringen

Gnandstein

Altenburg

Zwickauer Mulde

Rochlitz

Kriebstein

Freiberger
Mulde

Pleiße

Kloster
Wechselburg

Lutherweg

Mittweida

Wolkenburg

Penig

Pleiße

Waldenburg

Crimmitschau

Glauchau

Zwickau

Auf Entdeckungstour zwischen Pleiße und Mulde

Den Lutherweg in Sachsen entlang kann man eine kulturell und landschaftlich reizvolle Region durchstreifen

—

VON MANUELA KOLSTER

D ie kulturell und landschaftlich reizvolle Region zwischen den Flüssen Pleiße im Westen und Mulde im Osten lässt sich ideal den »Lutherweg in Sachsen« entlang erkunden. Er ist ein spiritueller Rundwanderweg, der wichtige Orte und Stätten der Reformation verbindet. Er verfolgt die Spuren Martin Luthers und seiner Wegbegleiter. Die Orte am Lutherweg in Sachsen stehen im engen Kontakt zur Reformationsgeschichte. Zum einen wirkte hier Luther selbst und zum anderen hinterließen seine Mitstreiter ihre Spuren. Zugleich begegnen dem Besucher einige der »starken Frauen« der Reformation, die in diesem Teil Sachsens besonderen Einfluss hatten.

Wir wandeln zugleich in einem »Grenzland«. Zu Zeiten Luthers war die Region geteilt. Bereits 1485 hatten sich die beiden wettinischen Brüder Ernst (1441–1486) und Albrecht (1443–1500) entschlossen, ihr bis dahin gemeinsam regiertes Land zu teilen. Daher wurden die Landesteile nach ihren Stammvätern benannt. Der ältere der beiden Brüder, Kurfürst Ernst, erhielt neben dem Kurkreis, zu welchem auch die Stadt Wittenberg gehörte, einen Landstreifen zwischen den wichtigsten Städten Torgau, Grimma, Borna, Altenburg und Zwickau. Thüringen und die Pflege Coburg rundeten seinen Besitz ab. An den ernestinischen Landesteil grenzte das herzogliche albertinische Sachsen mit seinen Zentren Dresden und Meißen. Zugleich besaß der Herzog aber auch Gebiete im Westen, so dass das gesamte wettinische Territorium miteinander verzahnt blieb.

Trotz der territorialen Verzahnung und der familiären Nähe nahmen die Landesherren unterschiedlichen Einfluss auf das Geschehen während des Reformationszeitalters. So unterstützte der Kurfürst Friedrich der Weise (1463–1525) sein Landeskind Martin Luther und stellte den Reformator unter seinen Schutz. Durch diese Tat konnte sich das Gedankengut der Reformation in den ernestinischen Städten bereits wenige Jahre nach dem Thesenanschlag von 1517 durchsetzen. Hingegen wurde der albertinische Herzog Georg (1571–1539) ein entschiedener Gegner des Reformators, der jegliches Aufkeimen reformatorischen Gedankengutes in seinem Land unterdrückte.

Seenlandschaft südlich Leipzig

Heute ist diese Region durch zahlreiche kulturträchtige Kleinstädte und eine Fülle von Burgen und Schlössern geprägt, die von einer wechselvollen Geschichte zeugen. Die Reise beginnt in der Leipziger Tieflandsbucht. Südlich der Großstadt Leipzig erstreckt sich eine Region, deren Landschaft und Umwelt außerordentlich stark durch den Abbau der Braunkohle in den vergangen 150 Jahren geprägt wurde. Der Eingriff in die Natur ist bis heute spür- und sichtbar. Dieser Raubbau an der Natur konnte seit der politischen Wende 1989/90 gestoppt werden. Seither stellt man sich die Aufgabe, die Wunden, die in die Erde geschlagen wurden, wieder zu schließen.

In den ehemaligen Tagebauen entsteht eine einzigartige Seenlandschaft, welche der Region einen

◀ **Seiten 10/11**
»Lagune«
bei Kahnsdorf
am Hainer See

◀ **Seite 12**
Der Lutherweg
zwischen Pleiße und
Mulde

»Umzug« der
Emmauskirche von
Heuersdorf nach
Borna 2007

▶
Töpferbrunnen
auf dem Kohrener
Marktplatz

neuen Charakter verleiht. Ein System aus Kanälen und Schleusen verbindet die Seen des Umlandes mit dem Kanalsystem der Stadt Leipzig. Zahlreiche Wassersportangebote locken Gäste und Urlauber in die sich wandelnde Region.

Ein typisches Beispiel für den Landschaftswandel in der Region ist der Ort Neukieritzsch, inmitten des Leipziger Neuseenlandes. Der hübsche Ort mit seinen Ortsteilen lädt ein, Wasser- und Kulturangebote rund um den neu entstandenen Hainer See zu genießen. Luthers Frau, Katharina von Bora, soll in einem Ortsteil von Neukieritzsch geboren worden sein. In späteren Jahren hat sie in Zöllsdorf ein Gut zur Bewirtschaftung besessen, auf welchem Obst und Gemüse für den großen Haushalt in Wittenberg angebaut wurden. Heute erinnert ein Denkmal auf dem Marktplatz von Neukieritzsch an das Ehepaar Luther.

Borna

Auch die Stadt Borna war einst Zentrum des Kohleabbaus, der die Umgebung der Stadt prägte. Heute hat es sich zu einer ansehnlichen Kreisstadt entwickelt, die 2007 weit über Sachsens Grenzen hinaus bekannt wurde: Der Slogan »Borna – wo Kirche bewegt wird« begleitete den Umzug der Emmauskirche aus dem zwölf Kilometer entfernten Heuersdorf. Es ist das letzte Dorf, welches dem Kohletagebau zum Opfer fiel. Die Erhaltung der kleinen Feldsteinkirche gilt als Symbol und dient dem Gedenken an die Dörfer der Region, die durch den Braunkohleabbau zerstört wurden.

Die Emmauskirche fand ihren neuen Standort am Martin-Luther-Platz und steht als »kleine Schwester« gegenüber der Stadtkirche St. Marien. In der spätgotischen Stadtkirche predigte Martin Luther erstmals 1519 auf Wunsch der Bornaer Bürgerschaft. Bekannt ist der von Luther in Borna am 5. März 1522 verfasste »Aschermittwochsbrief«. In diesem Schreiben kündigte er dem Kurfürsten seine Rückkehr nach Wittenberg an. Zu dieser Zeit stand Luther unter dem Schutz Friedrichs des Weisen und lebte versteckt auf der Wartburg. Als der Reformator von den Unruhen in Wittenberg erfuhr, verließ er seinen Schutzort. Er übernachtete in Borna und rechtfertigte in seinen Brief seinen Ungehorsam gegenüber dem Kurfürsten.

Das 2011 errichtete einzigartige Lutherdenkmal unterscheidet sich von vielen dem Reformator gewidmeten Denkmälern. Es zeigt Luthers Wandlung von einem zweifelnden Mönch hin zu einem Theologen, der die Kirche seiner Zeit reformieren wollte.

Ein Kleinod mittelalterlicher Architektur verbirgt sich etwas abseits der Innenstadt. Innmitten der Altstadt Bornas befindet sich die Kunigundenkirche. Sie ist einer der frühesten erhaltenen Backsteinbauten Mitteldeutschlands, dessen Baustil an frühchristliche Kirchen Italiens erinnert. Im Reichs-

tor, dem letzten erhaltenen Stadttor Bornas, ist das Museum untergebracht. Zahlreiche, auch wechselnde Ausstellungen widmen sich dort der Stadtgeschichte.

Kohrener Land und Burg Gnandstein

Von Borna führt der Weg unserer Reise nach Süden. Die Landschaft wird hügelig und die Waldgebiete nehmen zu. Hinter der Stadt Frohburg beginnt das Kohrener Land. Bekannt ist die Region aufgrund des in Kohren-Sahlis ansässigen Töpferhandwerkes. Typisch hierfür ist die blaue Farbe der Keramik. Zahlreiche Töpfereibetriebe zeigen ihr Kunsthandwerk auf dem jährlich im Mai stattfindenden Töpfermarkt. Der Töpferbrunnen, der seit 1928 auf dem Kohrener Marktplatz steht, ist ein Meisterwerk der Handwerkskunst, welches in Deutschland einmalig ist.

Nur einen Katzensprung entfernt erhebt sich die imposante Burg Gnandstein im gleichnamigen Örtchen. Sie ist eine der besterhaltenen romanischen Wehranlagen im Freistaat Sachsen. Heute beherbergt sie ein Museum, ein Hotel und ein Restaurant. Einst residierte hier das Geschlecht derer von Einsiedel. Seit Ende des 14. Jahrhunderts ist diese bedeutende Familie in Gnandstein nachweisbar. Sie stand in engem Kontakt mit den Wettinern und bekleidete zahlreiche Hofämter. Aber sie gehörte auch zu den

ersten adligen Familien im ernestinischen Sachsen, welche sich den reformatorischen Gedanken Luthers anschlossen. Noch heute sind Standbilder der Herren von Einsiedel in der kleinen romantischen Dorfkirche in Gnandstein zu besichtigen.

Colditz und das »Obstland«

Von Gnandstein machen wir einen Sprung weiter nach Osten und erreichen die Stadt Colditz, an der Mulde gelegen. Über der Stadt ragt der prächtige Gebäudekomplex des Schlosses Colditz. Einst als Burgward errichtet, wechselte seine Nutzung im Laufe der Jahrhunderte. Unter den sächsischen Kurfürsten wurde die Anlage als Jagdschloss und später als Witwensitz der Kurfürstinnen ausgebaut. Das Schloss zählt zu den schönsten Baudenkmälern der Renaissance in Mitteldeutschland.

Allerdings tritt dies in der Betrachtung oftmals hinter seiner Nutzung im Zweiten Weltkrieg zurück. Das Schloss diente seit 1939 als Gefangenlager für hochrangige westalliierte Gefangene. Über 300 Fluchtversuche sind überliefert. Das Fluchtmuseum im Schloss berichtet über diese Zeit und beleuchtet die unter anderem sehr kreativen Ausbruchsversuche.

Zwischen den Städten Colditz, Grimma, Leisnig und Mügeln erstreckt sich das »Obstland« – Sachsens größtes Obstanbaugebiet. Plantagen von Apfel-,

Blick auf die Kirche von Ablass im »Obstland« zur Baumblüte

Blick von Burg
Mildenstein in Leisnig
auf die Mulde

Birn- und Kirschbäumen dominieren die Region. Sie präsentiert sich im Frühling, von April bis Anfang Juni, in einem weißen Blütenmeer.

Die Obstland AG, mit ihrem Firmensitz in Dürrweitzschen, ist das Zentrum der Region. Zahlreiche kleine Orte mit verträumten Dorfkirchen laden zum Verweilen ein. Zwischen den beiden Dörfern Motterwitz und Zschoppach erinnert ein Gedenkweg an Johann von Staupitz (1465–1524), der im Rittergut Motterwitz seine Jugendjahre verbrachte. Später wurde Staupitz zum Mentor Luthers und beeinflusste dessen Lebensweg.

Mügeln

Eingebettet ins Döllnitztal und am Rand des Wermsdorfer Waldes mit dem beeindruckenden Barockschloss Hubertusburg liegt die Kleinstadt Mügeln. Nähert man sich der Stadt, erhebt sich schon von Weitem sichtbar die Turmkuppel des ehemaligen Bischofsschlosses Ruhethal. Die Stadt gehörte zum Hochstift der Meißner Bischöfe und war ihnen bis 1581 unterstellt. Zeitweise residierten sie in Mügeln.

Heute liegt Mügeln an der Bahnstrecke des »Wilden Roberts«, einer Schmalspurbahn, die zwischen Glossen und Oschatz verkehrt. Die Strecke

gehört in das Verbundnetz der sächsischen Dampfbahnroute.

Wenige Kilometer südlich, in unmittelbarer Nähe Mügelns, befindet sich das ehemalige Nonnenkloster Marienthal in Sornzig. Die hier einst nach der Zisterzienser-Regel lebenden Nonnen haben die Obstanbautradition in der Region eingeführt. Im Zuge der Reformation versuchten, ähnlich wie im benachbarten Nimbschen, sechs Nonnen aus dem Kloster zu fliehen. Der Fluchthelfer musste jedoch seine Tat mit dem Leben bezahlen. Erst ab 1539 begann sich das Kloster allmählich zu leeren. Einige der Nonnen, die weiterhin beabsichtigten in einer klösterlichen Gemeinschaft zu leben, suchten Zuflucht in den Benediktinerinnen-Klöstern der Umgebung. Im 19. Jahrhundert begann eine neue Ära für das ehemalige Kloster. Der Leipziger Jurist und Stadtplaner Ludolf Colditz kaufte 1892 die ehemalige Anlage und begann den modernen Plantagen-Obstanbau. Heute betreut eine Stiftung das Kloster. Im ehemaligen Schwesternhaus sind Übernachtungen möglich.

Leisnig

Kehrt man zurück an die Mulde, erhebt sich auf einem Felsvorsprung die Burg Mildenstein. Seit

rund 1000 Jahren prägt sie das sich wandelnde Stadtbild der Stadt Leisnig. Einst gehörte die Burg an der Mulde zum Burgward-System der deutschen Kaiser, die die Besiedlung der Gebiete östlich der Saale vorantrieben. Aus dieser frühen Zeit sind heute noch die Burgkapelle und der Bergfried zu besichtigen.

Aus der ursprünglichen Burganlage entstand die heutige Stadt, die sich ihren mittelalterlichen Kern bewahrt hat. Auch Leisnig kann enge Beziehungen zum Reformator Martin Luther vorweisen. Die Bürgerschaft der Stadt öffnete sich frühzeitig den Gedanken Luthers, der 1522 und 1523 die Stadt besuchte.

Besonders stolz sind die Leisniger auf die erste Sozialordnung, welche hier entstand. Heute ist sie unter den Namen »Leisniger Kastenordnung« bekannt. In diesem Dokument wurden Einnahmen der Kirche und deren Verwendung für das Allgemeinwohl der Gemeinde geregelt. Zukünftig sollten Pfarrer, Arme, Kranke und in Not geratene Bürger der Stadt aus Mitteln des »gemeinen Kastens« versorgt werden. Auf Grundlage dieses wichtigen, durch die Leisniger Bürgerschaft entwickelten Regelwerks verfasste Luther weitere Schriften, die das Zusammenleben in den Gemeinden und die Ordnung des Gottesdienstes regeln. Eine Ausstellung,

die im Stadtgut, einem der ältesten Häuser der Stadt, gezeigt wird, widmet sich den sozialen Umbrüchen der Reformation.

Vor den Toren der Stadt Leisnig befindet sich die Klosteranlage Buch. Sie schmiegt sich in den Muldenarm, der das Kloster umfließt. Bereits 1190 durch den Burggrafen Heinrich I. gegründet und zunächst mit einigem Besitz ausgestattet, entwickelte sich der Konvent durch umsichtige Erwerbungen im näheren Umfeld zu einer prosperierenden Klosterwirtschaft, die vorrangig landwirtschaftlich geprägt war.

Im Zuge der Reformation wurde das Kloster aufgelöst und seine Besitzungen wurden verpachtet. Mit den Erlösen der Pacht unterstützten die Kurfürsten die 1550 gegründete Fürstenschule im nahegelegenen Grimma. Die landwirtschaftliche Nutzung des Klosters bestand bis 1998.

Heute bemüht sich ein Förderverein um die Erhaltung und Restaurierung der Anlage. Die noch bestehenden Gebäude, wie das Kapitel- und das Abthaus, die Infirmerie und die Krankenkapelle, können von interessierten Besuchern besichtigt werden. An schönen Sommertagen lädt der liebevoll gepflegte Klostergarten zum Verweilen ein. Hinzu kommen diverse Angebote rund um das klösterliche Leben. Einmal im Monat findet ein Bauernmarkt statt. Handwerker, Bauern und Direktvermarkter aus der

Rathaus in Döbeln

Die Burg Kriebstein spiegelt sich in der Zschopau

wurde es jedoch 1961 auf einem Hamburger Schrottplatz gefunden und an die Stadt zurückgegeben.

Waldheim

Südlich von Döbeln erreichen wir die Stadt Waldheim. Sie gilt als die »Perle des Zschopautals«. Bereits 1422 gründete Dietrich von Beerwalde auf den Grundmauern der ehemaligen Burganlage ein Kloster. Der Konvent gehörte zum Orden der Augustiner-Eremiten. Im Reformationszeitalter gehörten die Stadt und die nahegelegene Herrschaft Kriebstein zum Witwenbesitz Elisabeths von Rochlitz (1502–1557). Sie war die Schwiegertochter des bis zu seinem Tod dem alten Glauben anhängenden albertinischen Herzogs Georg. Gegen dessen Willen unterstützte Elisabeth die lutherischen Ideen und beförderte die Einführung der Reformation in ihrem Herrschaftsbereich. Für Waldheim bedeutete dies, dass seit 1537 im lutherischen Sinn gepredigt wurde. Folglich kam es zur allmählichen Auflösung des Klosters. Die letzten vier Mönche verließen 1549 den Konvent.

Die Kirchenmusik hat in Waldheim eine lange Tradition. Bereits 1561 wurde eine Kantoreigesellschaft gegründet. Im Jahr 2011 feierte der Chor sein 450-jähriges Bestehen. Bedeutung erlangte die Wiederentdeckung der Kantoreibibliothek. Zahlreiche Konzertreihen aus dem 16. bis 18. Jahrhundert werden heute wieder zu Gehör gebracht.

Sehenswert ist das 1902 im Jugendstil errichtete Rathaus der Stadt. Zahlreiche künstlerische Elemente machen es zu einem einzigartigen Bauwerk. Besonders sehenswert ist der Ratssaal mit seinen Historienbildern zur Stadtgeschichte.

Kriebstein – Perle des Burgenlandes

Unweit von Waldheim erhebt sich die eindrucksvolle Burg Kriebstein. Sie thront oberhalb der gleichnamigen Talsperre und gilt als Sachsens schönste Ritterburg. Ihr Bau wurde maßgeblich vom Baumeister Arnold von Westfalen geprägt, der 1471 vom damaligen Burgherren Hugold III. von Schleinitz mit den Um- und Ausbauten der Burg beauftragt wurde.

Heute ist in der Burg ein Museum untergebracht. Die Besucher können vom Kellergeschoss bis hinauf

Region präsentieren dann ihre vielfältigen Angebote im Klosterhof.

Döbeln

Zwischen Wiesen und Feldern entlang der dahinfließenden Mulde führt der Lutherweg in die Stadt Döbeln. Die Innenstadt liegt auf einer Insel, umschlossen von der Freiberger Mulde. Am Obermarkt dominiert das 1912 im Stil der Neorenaissance eindrucksvoll errichtete Rathaus, welches zugleich das Portal in die liebevoll sanierte Innenstadt ist. Besonders stolz sind die Döbelner auf ihre 2007 wieder in Betrieb genommene Pferdebahn, die Besucher zu einer Rundfahrt durch das Stadtzentrum einlädt.

Ein besonderer kunsthistorischer Schatz, der von der spätmittelalterlichen Frömmigkeit zeugt, hat sich in der Stadtkirche St. Nicolai erhalten. Verborgen in einem Schrein wird der Mirakelmann aufbewahrt. Dabei handelt es sich um eine vollbewegliche Holzfigur, welche zu besonderen Anlässen den Gläubigen gezeigt wurde. Nur wenige solcher Figuren haben das Reformationszeitalter überdauert. Eine weitere Kostbarkeit erhebt sich im Chor der St. Nicolaikirche – der elf Meter hohe Altar ist der größte vollständige Schnitzaltar in Sachsen und wird der Cranachschule zugeordnet.

Einem glücklichen Umstand ist es zu verdanken, dass das Lutherdenkmal vor der Nicolaikirche wieder an seinem angestammten Platz steht. Erst 1902 durch den Dresdner Bildhauer Ernst Paul errichtet, wurde es im Zweiten Weltkrieg abgerissen und nach Hamburg zum Einschmelzen gebracht. Durch Zufall

in den Wohnturm die Burg besichtigen. Ein Kleinod stellt die vollständig mittelalterlich ausgemalte Burgkapelle dar.

Unterhalb der Burg Kriebstein erstreckt sich bis vor die Tore der Stadt Mittweida die Talsperre Kriebstein. Rund um die Talsperre locken idyllische Waldgebiete zu Wanderungen entlang dem Ufer. Kunst und Kultur prägen die Region. Das jährlich stattfindende Symposium »Kunst am Wasser« lädt Holzbildhauer ein, ihr Können zu zeigen. Seit 2001 entstanden zahlreiche Kunstwerke, die entlang der Talsperre zu finden sind.

Grimma

Zurück an der Mulde besuchen wir die Stadt Grimma. Sie war Luther bereits seit seinen Tagen als Provinzialvikar bekannt. Er besuchte mehrmals das Kloster der Augustiner-Eremiten. Nach seiner Ächtung ab 1521 wurde die Stadt eine wichtige Wegstation für den Reformator. Auf seinen Reisen zwischen Torgau und den südlichen ernestinischen Gebieten machte er mehrmals hier Station und predigte in der Klosterkirche.

Im nahegelegenen Nonnenkloster Nimbschen lebte seine spätere Frau Katharina von Bora. Von dem einstigen Zisterzienserinnenkloster Marienthron sind heute wenige Reste zu sehen. Eine Gedenktafel erinnert an dessen bekannte Bewohnerin, die 1523 mit einigen ihrer Mitschwestern mit Hilfe des Torgauer Ratsherren Leonhard Koppe aus den Klostermauern flüchtete.

Wurzen und das Wurzener Stiftsland

Den Abschluss unserer Wanderung durch die Region zwischen Pleiße und Mulde bildet die alte Bischofsstadt Wurzen. Eine Siedlung am Muldeübergang ist bereits im 9. Jahrhundert nachweisbar. Im Zeitalter der Reformation gehörte die Stadt zum Stiftsgebiet der Bischöfe von Meißen. Zugleich übten beide wettinischen Landesherren die Schutzherrschaft über das Stiftsgebiet aus.

Mit dem Fortschreiten der Reformation ließ sich das Eindringen des reformatorischen Gedankenguts in die Stadt nicht mehr aufhalten. Trotz des Widerstandes der Domherren predigte 1539 Johann Hoffmann als erster evangelischer Prediger in der Stadtkirche St. Wenceslai.

Schließlich kam es im Jahr 1542 fast zum Krieg zwischen dem Kurfürsten und Herzog Moritz. Die Truppen beider Landesherren standen sich vor den Toren der Stadt gegenüber. Erst auf Vermittlung des Landgrafen Philipp von Hessen und Martin Luthers konnte eine kriegerische Auseinandersetzung in letzter Minute abgewehrt werden.

Dom und auch Bischofsschloss sind heute noch erhalten und zu besichtigen. Ausdrucksstark präsentiert sich die Kreuzigungsgruppe des sächsischen Bildhauers und Künstlers Georg Wrba. Besonders stolz sind die Wurzener auf Joachim Ringelnatz. Dem bekannten Dichter und Kabarettisten ist in der Innenstadt ein Rundweg und eine Ausstellung in seinem Geburtshaus gewidmet. ●

▶ **MANUELA KOLSTER**
arbeitet beim Tourismusverband »Sächsisches Burgen- und Heideland« e. V.

Vom Pleißenland zum Burgenland

Die Region zwischen Pleiße und Mulde blickt auf eine reiche mittelalterliche Geschichte zurück
—

VON ANDRÉ THIEME

Schloss Rochlitz

In ihrer herrschaftlichen und siedlungsräumlichen Vielschichtigkeit bildet die Region zwischen Pleiße und Mulde für das Mittelalter faktisch eine sächsische Landesgeschichte im Kleinen ab. Entlang den Flussläufen aufwärts bis in den Altenburger und Rochlitzer Raum hinein ziehen sich uralte Kulturlandschaften, die seit der Bronzezeit fast ununterbrochen besiedelt waren und in denen sich auch die slawischen Einwanderer des 6., 7. und 8. Jahrhunderts ansässig machten. Die um Altenburg, Leisnig, Colditz und Rochlitz dicht gestreuten kleinen Dörfer mit ihren sorbisch geprägten Ortsnamen legen davon bis heute Zeugnis ab.

Koloniale Landeserschließung und Städtegründung

Frühe herrschaftlich gesteuerte Kolonisationsvorhaben erweiterten das Siedlungsgebiet zwischen den alten Wohngefilden schon an der Wende des 11. zum 12. Jahrhundert. Die große koloniale Umgestaltung und die agrarische Neuerschließung der alten Urwälder nach Süden hin erfolgte dann aber in der zweiten Hälfte des 12. Jahrhunderts in einem einmaligen Kraftakt und in großer herrschaftlicher Konkurrenz. Die jetzt zunehmend aus Franken, Sachsen, Bayern und Flandern angeworbenen bäuerlichen Siedler rodeten und legten neue Dörfer an, die deutsche Ortsnamen trugen, neue Siedlungsstrukturen besaßen und sich vor allem gen Erzgebirge hin auf immer größeren Fluren erstreckten.

Diese historische Mehrstufigkeit lässt sich auch mit Blick auf die Stadtentstehung beobachten. So zählen Leipzig und Altenburg zu den ältesten städtischen Siedlungen östlich der Saale. Wenig später, in den Jahrzehnten vor und nach 1200, gewann die Stadtentstehung in Rochlitz, Borna, Colditz, Leisnig und Grimma an Fahrt, Orten also, die die Region bis heute prägen. Mit dem 13. Jahrhundert entwickelten sich Städte auch im Kolonialraum, wie Frohburg, Geithain, Penig und Waldenburg, die freilich in Größe und wirtschaftlicher Bedeutung hinter den älteren Siedlungen zurückblieben. Durch jüngere, erst im 14. Jahrhundert fassbare Klein- und Minderstädte wie Lunzenau und Kohren verdichtete sich das Städtenetz weiter.

Mit der einwanderungsbedingten Bevölkerungszunahme und der kolonialen Landeserschließung im 12. Jahrhundert sowie mit dem vom 11. bis 14. Jahrhundert gestreckten Stadtentstehungsprozess sind die entscheidenden Faktoren benannt, die den zivilisatorischen Aufstieg der Region zwischen Pleiße und Mulde sowie in ganz Sachsen im Mittelalter bestimmt haben. In engster Koppelung damit vollzog sich eine durchaus widersprüchliche herrschaftliche Entfaltung, bei deren Betrachtung wir uns von der gewohnten Fixierung allein auf die Wettiner lösen müssen.

Im Jahre 929 hatte König Heinrich I. die slawischen Stämme zwischen Saale und Elbe besiegt und das Land in Abhängigkeit des Reiches gebracht. Aus der losen Oberherrschaft wuchs noch im 10. Jahrhundert eine festere deutsche Hoheit: Um 965 richtete Heinrichs Sohn Kaiser Otto I. die Markgrafschaften Merseburg, Zeitz und Meißen ein, die zwischen Pleiße und Mulde aneinanderstießen, aber schon bald zu einer Mark Meißen verschmolzen. Die neuen Herren überzogen die sorbischen Siedlungsgefilde mit einem Netz von Burgwardbezirken, die jeweils von einem befestigten Mittelpunkt aus gesichert und verwaltet wurden und die bis ins frühe 12. Jahrhundert hinein das Rückgrat der deutschen Herrschaft bildeten. Aus solchen Burgwardmittelpunkten sind die später zu Landesburgen avancierenden Orte wie Altenburg, Rochlitz, Colditz und Leisnig entstanden.

Weit nachhaltiger als das frühe herrschaftliche Gefüge erwiesen sich die nach 968 geschaffenen kirchlichen Strukturen der ebenda gegründeten Bistümer Merseburg, Zeitz und Meißen. Der größte Teil des Raumes zwischen Pleiße und Mulde wurde zunächst dem Bistum Merseburg zugeschlagen, das jedoch, zwischenzeitlich aufgelöst, erst 1004 wiedereingerichtet wurde und darüber unter anderem seine Diözesangebiete östlich der Mulde an Meißen verlor. Der Südwesten zählte zum Bistum Zeitz, dessen Bischofssitz 1029 nach Naumburg wanderte. Einem Merseburger Bischof, Thietmar, der von 1004 bis 1018 dort agierte, verdanken wir

deshalb die frühesten chronikalischen Nachrichten über die Region. Thietmar erwähnte etwa die Burg Rochlitz, die in einer Bruderfehde der ekkehardingischen Markgrafen niedergebrannt wurde, und seinen Hof Kohren, wo er sich im Jahre 1018 für zehn Tage aufhielt und alle firmte, die herbeikamen.

Wiprecht von Groitzsch als mächtiger Herrscher

Die eigentliche herrschaftliche Geschichte beginnt freilich ein halbes Jahrhundert später, als der junge Adlige Wiprecht von der Altmark nach Groitzsch umsiedelte und von dort aus binnen weniger Jahre zum mächtigsten Herrn östlich der Saale aufstieg. Der Pleiße-Muldenraum zählte dabei zu den Kernregionen von Wiprechts Herrschaft: 1084 erwarb Wiprecht Leisnig und Colditz, nach 1090 den Burgward Butsin (bei Borna?). Um 1100 holte Wiprecht bäuerliche Kolonisatoren aus Franken heran und ließ die Gegend zwischen seinen Besitzungen Groitzsch, Butsin und Leisnig gezielt roden und erschließen. Auch wenn diese Kolonisation noch nicht überall dauerhaft tragen sollte, erprobte Wiprecht doch hier zwischen Pleiße und Mulde jenes kolonisatorische Erfolgsmodell, das fünf Jahrzehnte später die große Landeserschließung des Erzgebirges erst möglich machte.

Die wettinischen Markgrafen treten auf den Plan

Als Wiprechts Familie mit seinem Sohn Heinrich 1135 im Mannesstamm ausstarb, sollten die herrschaftlichen Karten der Region neu gemischt werden. Inzwischen waren die Wettiner, die seit 1089 als Markgrafen von Meißen agierten, auch in der Region auf den Plan getreten. Mit Markgraf Konrad trachtete ein äußerst agiler und erfolgreicher Mann nach dem Groitzscher Erbe und nach Einfluss zwischen Pleiße und Mulde. Aber der Spielball lag bei den Königen und Kaisern des Reichs. Schon König Lothar III. hatte sich in den 1130er Jahren verstärkt in Altenburg umgetan, dort die Stadtwerdung gefördert und zu Chemnitz ein Reichskloster gestiftet.

Sein Nachfolger, der erste staufische König Konrad III., verlieh den königlichen Ambitionen in der Region Nachdruck. Konrad richtete nach 1143 in Altenburg, Meißen, Dohna und vielleicht auch schon in Döben Reichsburggrafschaften ein, mit

Burg Gnandstein

zurück. Die Initiative zur herrschaftlichen Gestaltung in der Region lag jetzt beim Kaiser.

Das Pleißenland als kaiserlicher Herrschaftsraum

Kaiser Friedrich I. Barbarossa nutzte die gebotenen Spielräume zielsicher und innovativ. Am Ende seines Lebens war mit dem Reichsland Pleißen ein bis dahin völlig neues Herrschaftsgebilde entstanden, das ganz unmittelbar königliche Macht in die Region trug. Beeindruckend erscheint vor allem das komplexe und strategische Vorgehen des Kaisers. Schon seit der Mitte des 12. Jahrhunderts hatten die Staufer reichsministerialische Dienstleute im Altenburger Umfeld angesiedelt. Diese leiteten eine explosionsartige Landeserschließung, mit der binnen weniger Jahrzehnte die drei Kerne des Reichslandes – Altenburg, Leisnig und Chemnitz – durch neu entstandene Dörfer territorial miteinander verbunden und der Erzgebirgsraum nach Süden bis in die Gipfellagen erschlossen wurden. Damit entstand das Pleißenland wegweisend als flächenhaftes Territorium.

In diesem Zuge wurde nun auch der Raum zwischen Pleiße und Mulde vollständig gerodet. Im Süden trug der Reichsministeriale Hugo von Wartha die Kolonisation über den neuen Ort Waldenburg hinweg nach Chemnitz voran. Und im Nordosten stießen die Burggrafen von Altenburg über Frohburg und Flößberg, wo sie Burgen erbauen ließen, Richtung Colditz und Leisnig vor. Im Ergebnis war der wettinische Gau Rochlitz am Ende des 12. Jahrhunderts von reichsländischen Herrschaften regelrecht eingekreist. Kleinere eigenständige Gewalten wie die Herren von Kohren hatten in diesem Wettlauf der Giganten keine Chance.

Kaiser Friedrich Barbarossa sicherte und rundete sein neues Reichsland durch flankierende Maßnahmen ab: Er förderte die Stadtwerdung in Altenburg, Chemnitz und Zwickau. Er schuf dem Reichsland im von ihm 1165 gestifteten Augustiner-Chorherrenstift bei Altenburg einen geistlich-klösterlichen Mittelpunkt, richtete in Altenburg eine Münzstätte ein und legte die richterlich-hoheitlichen Befugnisse des Pleißenlandes in die Hände

denen jetzt eine parallele Machtinstanz zu den wettinischen Markgrafen etabliert wurde. Das Reich war machtvoll zurückgekehrt, und die Burggrafen von Altenburg sollten für die Geschicke der Pleiße-Mulde-Region künftig eine zentrale Rolle spielen.

Im Zuge einer Einigung über das Groitzscher Erbe erhielten die Wettiner – der verstorbene Bruder Markgraf Konrads war mit einer Tochter Wiprechts verheiratet gewesen – immerhin Rechte an Groitzsch und den gesamten Gau Rochlitz. Doch als sich Markgraf Konrad 1154, am Ende seines Lebens, an einer Opposition gegen den neuen jungen Stauferkönig Friedrich Barbarossa beteiligte, verlor er dessen Gunst. Konrad musste die große wettinische Herrschaft 1156 unter seinen Söhnen teilen und zog sich in das Kloster auf dem Petersberg

Wiprecht von Groitzsch, Kopie der Grabplatte in der Laurentiuskirche Pegau

Das »Burgenland« fällt an die Wettiner

Vom neuen Reichsland Pleißen ging am Ende des 12. Jahrhunderts solche Attraktivität aus, dass Barbarossas Sohn, Kaiser Heinrich VI., von hier aus seine Macht weiter auszubauen gedachte. 1195 entzog er den Wettinern die Markgrafschaft Meißen. Nur der unerwartete Tod des jungen Kaisers sicherte dem Wettiner Dietrich dem Bedrängten einen Neuanfang. Als 1210 der Rochlitzer Zweig der Wettiner ausstarb, erhielt Markgraf Dietrich zu Meißen nicht nur die Ostmark, sondern erbte auch die Herrschaft über Rochlitz, Groitzsch und Borna. Schnell ging Dietrich zur Offensive über. Zielsicher siedelte er seine treuen Gefolgsleute, die Herren von Schladebach, in Gnandstein an, die wenig später auch das vormals burggräfliche Frohburg übernahmen. Damit hatten die Wettiner eine territoriale Brücke zwischen Borna und Rochlitz geschlagen.

Wenige Jahre später besiegte Dietrichs Sohn, Markgraf Heinrich der Erlauchte, die Reichsministerialen von Mildenstein und zerschlug mit deren Herrschaft auch die reichsländische Verbindung zwischen Leisnig und Chemnitz. 1243 schließlich sah sich der bedrängte Enkel Barbarossas, der mächtige Kaiser Friedrich II., gezwungen, anlässlich der Verlobung des Wettiners Albrecht mit seiner Tochter das gesamte Pleißenland an den künftigen Schwiegersohn zu verpfänden. Allerdings hatte sich da das alte Reichsland bereits in zahlreiche Herrschaften von Burggrafen und ehemaligen Reichsministerialen weitgehend aufgelöst.

Auch wenn das Pleißenland am Ende des 13. Jahrhunderts für einige Jahre noch einmal in königliche Hand zurückfallen sollte, setzten sich die Wettiner 1307/08 endgültig durch. 1323 bzw. 1329 mussten die Burggrafen von Altenburg und die Burggrafen von Leisnig die wettinische Lehnshoheit anerkennen. Vom 14. bis zum 16. Jahrhundert brachten die Wettiner auch fast alle restlichen ehemals reichsländischen Herrschaften unter ihre Botmäßigkeit. Was vom Reichsland, was vom Ringen zwischen Wettinern und Reich blieb, waren die dicht gestreuten Burgen. Das »sächsische Burgenland« erinnert so bis heute eindrucksvoll an dieses weithin vergessene Kapitel mitteldeutscher Geschichte. •

▶ **DR. ANDRÉ THIEME**
  ist Bereichsleiter Museen der Staatlichen Schlösser, Burgen und Gärten Sachsen gGmbH.

eines modern anmutenden Amtsträgers, des sogenannten Landrichters. In den letzten Jahren vor seinem Tod 1190 besuchte Kaiser Friedrich I. das aufblühende Altenburg auffällig oft und hielt hier Hof- und Gerichtstage ab – das Pleißenland und damit der mitteldeutsche Osten überhaupt waren jetzt von der Peripherie in den Blickpunkt des Reiches gerückt.

Land der Dorfkirchen

*Die zahlreichen Gotteshäuser haben die Landschaft zwischen
Pleiße und Mulde nachhaltig geprägt*
—

VON MATTHIAS DONATH

Altenhof bei Leisnig,
typische romanische
Saalkirche

Die beiden Kirchenbezirke Leisnig-Oschatz und Leipziger Land weisen eine hohe Kirchendichte auf. In rund 200 Kirchen und Kapellen wird regelmäßig evangelischer Gottesdienst gefeiert.

Die überwiegende Zahl der Gotteshäuser entstand bereits im Mittelalter. Die Christianisierung setzte mit der deutschen Eroberung der slawischen Siedlungsgebiete ein. Die ältesten Kirchen wurden in oder an Burgen errichtet, die die deutsche Herrschaft sicherten. Durch Ausgrabungen ist bekannt, dass es in Leisnig bereits im ausgehenden 11. Jahrhundert eine Burgkapelle gab. Diese älteste steinerne Kirche im Muldenland wurde mehrfach umgebaut und ist noch heute erhalten. Auch die Dorfkirchen in Zschaitz, Mochau, Schrebitz, Hohenwussen, Altmügeln und Magdeborn sind ehemals

Burgkirchen gewesen. In Hohenwussen sieht man noch heute, dass die Kirche in einen slawischen Burgwall hineingebaut wurde.

Die Pfarrer dieser »Urpfarreien« im slawischen Altsiedelland betreuten jeweils ein riesiges Einzugsgebiet. So gehörten zur Pfarrkirche in Altmügeln ursprünglich mehr als 20 Dörfer. Der Stadtkirche St. Nicolai in Döbeln sind bis heute 22 Dörfer und Dorfteile zugeordnet. Das Netz der Pfarrkirchen verdichtete sich mit der deutschen Besiedlung, die sich im 12. und 13. Jahrhundert vollzog. Ausgehend von den Altsiedelgebieten wurden die noch unbewohnten Landesteile erschlossen und die Wälder gerodet. Die deutschen und slawischen Kolonisten gründeten Dörfer und Städte und legten Pfarrkirchen an. Im Unterschied zu den »Urpfarreien« umfassen die »Ortspfarreien« immer nur einen Ort, manchmal auch zwei oder drei eng zusammenhängende Dörfer.

Die romanischen Kirchen aus der Kolonisationsperiode machen heute noch etwa ein Viertel des Kirchenbestands aus. Die Siedler bevorzugten den Bautyp der Saalkirche mit Chor und Apsis, wie er in ganz Mittel- und Ostdeutschland verbreitet ist. An das rechteckige und flachgedeckte Langhaus schließt sich ein eingezogener, meist quadratischer Chorraum an. Der Altar stand oder steht in einer halbkreisförmigen Apsis mit kuppelartiger Einwölbung. Wenn sich die Kirchgemeinde einen steinernen Glockenturm leisten konnte, errichtete man entweder einen Westturm in der Breite des Langhauses oder einen Chorturm, der sich über dem Chorquadrat erhebt. Ein typisches Beispiel einer Chorturmkirche ist die Dorfkirche in Klinga, süd-

westlich von Leipzig. Die schmalen Rundbogenfenster der romanischen Kirchen wurden oftmals nachträglich vergrößert. Seit dem 15. Jahrhundert baute man in den Dörfern schlichte, langgestreckte Saalkirchen mit dreiseitigem Ostabschluss. Wenn eine Einwölbung geplant war, umgab man das Bauwerk mit Strebepfeilern.

Auch in den kleineren Dörfern wurden die Altäre seit Ende des 15. Jahrhunderts mit prächtigen Altaraufbauten geschmückt. Diese spätgotischen Flügelaltäre haben eine Mitteltafel oder einen Mittelschrein sowie bewegliche Flügel, die vor die Mitte geklappt werden können. In den Kirchenbezirken Leipziger Land und Leisnig-Oschatz ist eine überdurchschnittlich hohe Anzahl von Flügelaltären erhalten geblieben. Die farbig gefassten und vergoldeten Schnitzwerke wurden teils von Freiberger, teils von Leipziger Werkstätten gefertigt.

Schlichte Predigtkirchen seit der Reformation

Nach Einführung der Reformation gab es zunächst keinen Bedarf an neuen Kirchen. Die vorhandenen Bauten wurden weiter genutzt. Von »Bilderstürmerei« ist nichts bekannt, was die spätgotischen Altäre mit ihren Heiligen- und Mariendarstellungen noch heute bezeugen. Wenn Neubauten erforderlich waren, dann bevorzugte man noch weit bis ins 17. Jahrhundert hinein den gotischen Baustil. Beispiele sind die 1595 vollendete Marienkirche in Dahlen und die erst 1605 bis 1611 ausgeführte Dorfkirche in Borna bei Oschatz. Die Kirchen wurden mit Predigtkanzeln ausgestattet. Wenn es

nötig war, erneuerte man die Altäre und Taufsteine, doch blieben oftmals auch die vorreformatorischen Ausstattungsstücke in Gebrauch. Von hohem künstlerischen Wert sind die Renaissancealtäre in Cavertitz, Hof und Borna. Die steinernen Altarwände enthalten biblische Darstellungen und Bibelsprüche und dienten zugleich als Grabdenkmäler. Der Bildschnitzer Valentin Otte (1596–1673) aus Meißen lieferte für mehrere Stadt- und Dorfkirchen beeindruckende Altaraufbauten. Der elf Meter hohe Altar der Matthäikirche in Leisnig gilt als sein Hauptwerk. Aus dem 17. Jahrhundert stammen auch mehrere bemalte Kassettendecken.

In Leisnig, Mügeln und Waldheim bestanden seit der Reformation bedeutende Kantoreien, die ein reiches Musikleben entfalteten. Orgeln hat es anfangs nur in den Stadtkirchen gegeben. Eine flä-

▲
links: Flügelaltar in Gleisberg bei Nossen, um 1520, von einer Freiberger Werkstatt

rechts: Hohenwussen bei Oschatz, Kirchenraum mit bemalter Decke, Mitte des 18. Jahrhunderts

▲
Trampeli-Orgel
in Sornzig

rechts: Kirche in Schmannewitz, ausgeführt 1731/72 nach einem Plan von George Bähr

drei oder vier Seiten mit Emporen. Die flachen Decken und Emporenbrüstungen wurden anfangs mit Bildszenen bemalt, doch setzte sich schließlich das Ideal der bildlosen Kirche durch, in der alles auf Bibelwort und Predigt konzentriert ist. Die Bedeutung, die man der Predigt einräumte, kommt in den Kanzelaltären zum Ausdruck, bei denen Altar und Kanzel übereinander angeordnet das liturgische Zentrum bilden.

Dass man trotz der angestrebten Schlichtheit zu einer beschwingten und raffinierten Baukunst gelangen konnte, beweisen die Kirchenbauten des sächsischen Landbaumeisters David Schatz (1668–1750) in Calbitz und Beerwalde und des Dresdner Ratszimmermeisters George Bähr (1666–1738) in Schmannewitz. In Schweta bei Mügeln und Ziegra bei Döbeln entstanden barocke Zentralbauten.

Die Sitzverteilung im Kirchenraum bildete die ständische Gliederung der Gesellschaft ab. Der Rittergutsbesitzer, der meist der Kirchenpatron war, saß in einer gesonderten Patronatsloge. Weitere Betstuben waren den wohlhabenden Bauern und der Pfarrersfamilie vorbehalten. Auf den Emporen nahmen die Männer Platz, während die Bänke im Kirchenschiff als »Weibergestühl« galten. Die Rittergutsbesitzer waren oftmals auch Stifter umfangreicher Kirchenausstattungen. Altäre, Kanzeln und die aufwändig gestalteten Logenfronten der Patronatslogen tragen ihr Wappen. Besonders stimmungsvolle Kirchenräume entstanden in Pomßen bei Grimma oder in Prießnitz bei Borna. Die Dorfkirche in Belgerhain wurde von Johannes von Ponickau (1644–1699) gestiftet und innen einheitlich barock ausgestaltet.

In der ersten Hälfte des 19. Jahrhunderts wurde der barocke Baustil vom einem nüchternen Klassizismus abgelöst. Christian Friedrich Uhlig (1774–1848), einer der erfolgreichsten Kirchenbaumeister

chendeckende Verbreitung auf dem Land ist erst für das 18. Jahrhundert nachzuweisen. Leider blieben nur wenige alte Instrumente erhalten. Hervorzuheben ist die Orgel in Sornzig, die Johann Gottlob Trampeli (1742–1812) aus Adorf im Vogtland »nach Silbermännischer Art« baute.

Die evangelischen Gotteshäuser, die zwischen dem letzten Drittel des 17. Jahrhunderts und der Mitte des 19. Jahrhunderts entstanden, sind schlichte, schmucklose Predigtkirchen. Man errichtete rechteckige Kirchensäle und umgab diese an

Kirche in
Greifendorf, 1859

◄ **Seite 27**
Kirche in Nieder-
striegis, erbaut
1849/50 von Gustav
und Carl Ferdinand
Uhlig

in Sachsen, und seine Söhne entwarfen riesige
Predigtkirchen, in denen sich große Bevölkerungs-
zahlen versammeln konnten. Eine typische Uhlig-
Kirche steht in Niederstriegis bei Roßwein. Der
unter einem flachen Muldengewölbe angelegte Saal
ist ringsum von Emporen umgeben, in die sich im
Altarbezirk verglaste Betstuben eingliedern. Auch
der Kanzelaltar ist in die Emporenwand integriert.

Das 1861 erlassene Eisenacher Regulativ be-
wirkte eine nachhaltige Änderung des Kirchen-
baus. Für evangelische Kirchen war seither die
Anlehnung an mittelalterliche Baustile und die
Anordnung des altars in einem baulich getrennten
und um mindestens eine Stufe erhöhten Chor vorge-
beben. Die Kanzel durfte nicht mehr über oder hinter dem Altar angebracht werden, sondern war ins
Kirchenschiff zu verlegen. Das erste große neugotische Gotteshaus in Sachsen war die Aegidienkirche
in Oschatz, die nach einem Stadtbrand von 1846 bis

1849 nach Plänen des Nürnberger Architekten Carl
Alexander Heideloff (1789–1865) über dem alten
Grundriss wiedererrichtet wurde. Die einheimi-
schen Baumeister zögerten allerdings lange, diese
Art der Gotik zu übernehmen. Wie in Etzdorf oder
Greifendorf versuchten sie, den traditionellen Bau-
typ der Predigtkirche mit neugotischen Motiven zu
kombinieren. Die Baupläne für die Greifendorfer
Kirche erstellte der Leipziger Architekt Ernst
Zocher (1812–1881).

Zwischen Zerstörung und Sanierung

Während in den großen Städten im letzten Drittel
des 19. Jahrhunderts ein erheblicher Bedarf an Kirchenneubauten bestand, blieb man in den Dörfern
an die vorhandenen Kirchen gebunden, die manchmal umgebaut und modernisiert wurden, oftmals
aber einfach in ihrem traditionellen Gewand blie-

ben. Seit Beginn des 20. Jahrhunderts hat es in den ländlichen Regionen der beiden Kirchenbezirke keine Kirchenneubauten mehr gegeben.

Der ländliche Raum war bereits vor dem Ersten Weltkrieg von Abwanderung geprägt. Immer mehr Menschen zogen in die industriellen Zentren. Auch der Braunkohletagebau führte zu tiefgreifenden Veränderungen. Im Süden Leipzigs wurden innerhalb weniger Jahrzehnte 60 Dörfer ganz oder teilweise weggebaggert, weil sie der Kohleförderung im Weg waren. Dabei wurden auch wertvolle Kirchen vernichtet, darunter die in Kieritzsch, Eythra und Magdeborn.

Infolge der Entkirchlichung, die in der DDR massiv vorangetrieben wurde, lösten sich die traditionellen kirchlichen Strukturen nach und nach auf. Unter den Bedingungen der Mangelwirtschaft war die Unterhaltung der Kirchengebäude äußerst schwierig. Weil es keine Möglichkeit einer Sanierung gab, wurden in den Jahren der DDR mehrere Gotteshäuser aufgegeben. So trug man bei den Dorfkirchen in Rittmitz, Mochau und Canitz die Dächer ab. Übrig blieben nur die Außenmauern. Ein 2005 gegründeter Förderverein in Riesa-Canitz will innerhalb der Kirchenruine ein modernes Gemeindezentrum errichten.

Auch bei den jüngsten Erweiterungen des Tagebaus Vereinigtes Schleenhain mussten wieder Dörfer und Dorfkirchen weichen. Während aber früher die Kirchen ohne einen Ersatz einfach abgebrochen wurden, verpflichtete sich die Mitteldeutsche Braunkohlengesellschaft bei der Emmauskirche in Heuersdorf zu einer Umsetzung. Das Kirchlein wurde 2007 in einem Stück auf einem Spezialfahrzeug über 12 Kilometer nach Borna transportiert. Heute steht die restaurierte Kirche auf dem Martin-Luther-Platz in Borna neben der größeren Stadtkirche. Eine Ausstellung erinnert an die verschwundenen Orte im Leipziger Südraum.

In den letzten 25 Jahren konnten nahezu alle Kirchen beider Kirchenbezirke saniert und restauriert werden. Dabei wurde eine beispiellose Kulturleistung erbracht! Bis auf wenige Ausnahmen befinden sich die Gotteshäuser der Kirchenbezirke Leipziger Land und Leisnig-Oschatz in einem guten oder hervorragenden Zustand. •

▲ **links:** Kirche in Belgershain, erbaut 1682 bis 1684, mit barocker Logenfront, Altar und Kanzel

▶ **rechts:** Kirche in Prießnitz bei Bad Lausick

▶ **DR. MATTHIAS DONATH**
ist Kunsthistoriker, Direktor des Zentrums für Kultur// Geschichte und Herausgeber der »Sächsischen Heimatblätter«.

Von der Tagebauregion zum Leipziger Seenland

Die Umgebung der Messestadt veränderte ihr Gesicht in den letzten gut zwei Jahrzehnten grundlegend und hat auch bedeutende historisch-kulturelle Schätze zu bieten

—

VON HANS-JÜRGEN KETZER

Verließ man Leipzig vor einem reichlichen Vierteljahrhundert in südlicher Richtung, so zwängten sich Straßen und Schienenwege zwischen enormen Braunkohlentagebauen und großen Industrieanlagen hindurch. Die Vorstellung, hinter den Wunden im Erdreich und den Emissionswolken der Chemie- und Kraftwerke könnte sich Sehenswertes verstecken, mochte damals nicht so recht aufkommen.

Inzwischen hat sich das Antlitz der Landschaft gewandelt. Wo sich einst die Leipziger Tieflandsbucht mit ihren intensiv genutzten Ackerflächen erstreckte, später die Tagebaue und Industrieanlagen standen, findet man nun eine abwechslungsreiche Ausflugsregion mit Seen und bewaldeten Anhöhen. Abseits der Verkehrsströme entstand manch ein Refugium, in dem seltene Pflanzen und Tiere einen Lebensraum für sich eroberten. Gleichzeitig wurde auch sichtbar, welche kulturellen und historischen Schätze es im Leipziger Umland zu entdecken gibt.

Cospudener See südlich von Leipzig

Kirchen, Burgen, Herrensitze

Nicht zuletzt haben die Reformationszeit und ihre Nachwirkungen hier bleibende Spuren hinterlassen. Gleich mehrere bedeutende spätgotische Kirchen und Schnitzaltäre findet man zwischen Geithain, Borna und Rötha. Auch in den Gotteshäusern kleiner Dörfer wie Nenkersdorf, Großzössen oder Wyhra sind einzigartige Entdeckungen möglich. Waren die dortigen Bildwerke Ausdruck der Frömmigkeit, aus der die Reformation hervorwuchs, so prägte evangelisch-lutherischer Glaube den nachreformatorischen Kirchenbau, die Kanzelaltäre und eine geradezu einzigartige Orgellandschaft. Gottfried Silbermann und Zacharias Hildebrandt schufen in Rötha und Störmthal ihre Meisterwerke. Die Bornaer Orgelwerkstatt von Urban und Richard Kreutzbach hinterließ in zahlreichen Kirchen von Dittmannsdorf bis Wyhra ihre Spuren.

Eine hohe Dichte von Burgen und Herrensitzen zeugt von der außerordentlichen Fruchtbarkeit der Region. Schon im hohen Mittelalter siedelte man hier, wovon die eindrucksvollen Mauerreste der Wiprechtsburg in Groitzsch erzählen. Die Burg Gnandstein überdauerte die Zeiten. Anderswo entwickelten sich anstelle früher befestigter Herrensitze Rittergüter. Deren Besitzer ließen Schlösser oder Herrenhäuser errichten. Schloss Wiederau ist ein prägnantes Beispiel dafür. Der Barockbau entstand 1705 für den Leipziger Kaufherren David von Fletscher. Berühmt wurde er freilich durch die Bachkantate »Angenehmes Wiederau«. Der Leipziger Thomaskantor komponierte dieses Werk im

Auftrag des Grafen Johann Christian von Hennicke. Es erklang am 28. September 1737, als sich der Graf als neuer Besitzer von Wiederau feiern ließ.

Von der Vielzahl an Schlössern und Herrensitzen im Leipziger Land überstanden nur wenige die Zeiten. Blinder Hass auf die »Junker« führte nach 1945 zur Vertreibung der Rittergutsbesitzer und zum mutwilligen Abriss manch eines Schlosses, so etwa in Kitzscher. Als angesichts sich ausbreitender Riesentagebaue ganze Dörfer überbaggert wurden, fielen dem auch Herrensitze zum Opfer. Anderen Schlössern setzte die flächendeckende Absenkung des Grundwasserspiegels so zu, dass sie aufgegeben werden mussten. Besonders beklagenswert war dies beim Röthaer Schloss der Freiherren von Friesen. Daran, dass hier während der Völkerschlacht die entscheidenden Beschlüsse der alliierten Gegner Napoleons gefasst wurden, muss inzwischen an anderen Orten des Städtchens erinnert werden. Leider brachte auch das Ende der DDR 1990 noch keine Rettung für die verbliebenen Herren-

sitze. Nachdem vielerorts die öffentliche Nutzung von Schlössern aufgegeben wurde, verfielen weitere historisch wertvolle Gebäude.

Umso erfreulicher ist es, wenn sich kulturhistorisch bedeutsame Bauensembles in einem so vorbildlichen Zustand zeigen wie beim Rittergut Kahnsdorf. Das alte Herrenhaus, in dem sich heute ein Café befindet, und der es umgebende Park bildeten am 1. Juli 1785 den Schauplatz für eine Begegnung, die in die Literaturgeschichte einging. Friedrich Schiller traf hier Christian Gottfried Körner. In ihm gewann er nicht nur einen engen Freund, sondern vor allem jenen Mäzen, der ihm aus seiner misslichen wirtschaftlichen Lage half und eine Zeit sorgenfreien poetischen Schaffens ermöglichte. Die Stimmung jener Monate, in denen sich die Freundschaft mit Körner entfaltete, regte Schiller an, seine berühmte Ode »An die Freude« zu verfassen.

Der Kahnsdorfer Rittergutspark grenzt direkt an den Hainer See, eines jener Gewässer, die sich in einem der früheren Großtagebaue entwickelten.

Schauplatz historischer Ereignisse und Schlachten

Bedeutsam war die Region um Leipzig nicht nur in wirtschaftlicher Hinsicht. Sie wurde auch immer wieder zum Schauplatz gewichtiger politischer Ereignisse. Die Ebene und die sich kreuzenden Verkehrswege boten günstige Bedingungen dafür, hier Schlachten zu schlagen. Zwischen Hohenmölsen und Pegau kreuzten Heinrich IV. und Rudolf von Rheinfelden bereits im hohen Mittelalter die Schwerter. In der Schlacht bei Lucka 1307 ging es um die Auseinandersetzung zwischen Zentral- und Partikulargewalten. Der Wettiner Löwe auf dem Markt des kleinen thüringischen Städtchens an der sächsischen Landesgrenze erinnert daran. Größer sind die Denkmäler, die an spätere Ereignisse erinnern. Arg in Mitleidenschaft gezogen wurde die Region nicht zuletzt durch den Dreißigjährigen Krieg 1618–1648. Gleich drei große Schlachten wurden hier geschlagen, zwei bei Breitenfeld und jene bei Lützen, in der Schwedenkönig Gustav II. Adolf am 16. November 1632 sein Leben lassen musste. Ihm, den Generationen als »Retter des Protestantismus« betrachteten, ist eine eindrucksvolle Gedenkstätte gewidmet, die sich hart hinter der sächsischen Landesgrenze im Sachsen-Anhaltischen befindet.

1706 blickte wiederum ganz Europa auf den Leipziger Raum, genauer auf Schloss Altranstädt. Dort erfolgte der Friedensschluss mit den im Nordischen Krieg siegreichen Schweden. Im Schloss erinnert man bis heute an dieses Ereignis. Erneut kulminierten 1813 kriegerische Handlungen rund um Leipzig. Am 2. Mai konnte Napoleon die Schlacht bei Großgörschen noch für sich entscheiden. In der Völkerschlacht bei Leipzig entschied sich jedoch zwischen dem 16. und 19. Oktober das Schicksal gegen ihn. Zahlreiche Gedenkorte im Leipziger Land lassen erahnen, dass die Feldzüge von 1813 nicht nur im direkten Umfeld der Messestadt ihre Spuren hinterließen. So steht das monumentale Völkerschlachtdenkmal von Leipzig keineswegs allein, viel mehr zeugen die vielen kleineren Gedenksteine und -tafeln davon, dass Not, Leid und Gewalt 1813 in der ganzen Region zu Hause waren.

Gustav-Adolf-Gedenkstätte bei Lützen

Nicht nur Schiller war hier, Mitte des 18. Jahrhunderts gehörte das Rittergut Johann August Ernesti, als Thomasschulrektor Bachs Vorgesetzter und als evangelischer Theologe einer der Begründer der historischen Bibelforschung. 1813 wurde der Dichter und Lützower Jäger Theodor Körner kurzzeitig auf dem Rittergut Kahnsdorf verborgen gehalten, nachdem er bei Kitzen verwundet worden war und aus dem französisch besetzten Sachsen fliehen musste. Später musizierte Felix Mendelssohn Bartholdy hier. Schließlich lebte Erich Loest vom Sommer 1945 an einige Monate in Kahnsdorf. In seiner Autobiographie »Durch die Erde ein Riss« ist davon zu lesen.

Zieht man in Betracht, wie stark speziell das südliche Leipziger Land im 20. Jahrhundert von Industrie und Braunkohletagebau geprägt war, so verwundert, wie wenig heute noch daran erinnert. Bis auf Gebäudereste in Neukirchen und Witznitz sind die Altanlagen weitgehend verschwunden. Die großen Industriegebiete von Böhlen und Espenhain wurden grundlegend umstrukturiert. Im Kreis Leipzig gibt es mit dem Tagebau »Vereinigtes Schleenhain« noch eine aktive Braunkohlenförderstätte. Im Bergbau-Technik-Park neben der A 38 kann man sich kundig machen, wie die großtechnische Kohleförderung vonstatten geht.

Junges Seenland mit steinalter Geschichte

Unterdessen förderten Bergbau und die darauf folgende Rekultivierung Beeindruckendes zutage. Wenn die Erdoberfläche aufgerissen wird, um der Bodenschätze habhaft zu werden, wird zugleich auch der Schleier gehoben, der über der Vergangenheit liegt. So konnten Archäologen bedeutende Entdeckungen machen. Bei Markkleeberg fand man Werkzeuge aus der Altsteinzeit. Es wurde offenbar, dass der Raum zwischen Weißer Elster und Pleiße schon zur Zeit der jungsteinzeitlichen Ackerbauern und Viehzüchter bevorzugtes Siedlungsgebiet war. Einige der ältesten je ausgegrabenen Brunnen wurden hier entdeckt. Neue Erkenntnisse über die mittelalterliche und frühneuzeitliche Siedlungsentwicklung brachten die intensiven Untersuchungen an zwei Ortschaften, die nach 1990 der Braunkohlenförderung weichen mussten. Was bezüglich Breunsdorfs und Heuersdorfs zusammengetragen wurde, bereichert nicht nur das Wissen darüber, es fand auch Eingang in die Ausstellungen des Deutschen Historischen Museums in Berlin und des Staatlichen Museums für Archäologie in Chemnitz. Wer heute den Cospudener, Markkleeberger, Störmtaler oder Hainer See besucht und nicht weiß, wie die Landschaft hier vor Jahrzehnten aussah, kann gar nicht glauben, dass dies alles einmal Tagebaue waren. Der Begriff »Restloch«, mit dem man früher die Hinterlassenschaften des überirischen Bergbaues belegte, ist hier völlig fehl am Platze. Die Landschaft sieht aus, als wäre sie von Natur aus so gewachsen. Viel Arbeit, Mühe und Finanzaufwand war nötig, um dieses Erscheinungsbild herzustellen. Dies wird vor allem dort nachvollziehbar, wo moderne Sport-, Freizeit- und Erholungseinrichtungen entstanden, so die Wildwasseranlage im Kanupark Markkleeberg, »Pier 1« am Cospudener See, das Ferienresort Lagovida auf der Magdeborner Halbinsel, die »schwimmende Kirche« Vineta im Störmtaler See und die Lagune von Kahnsdorf.

Gegenwart und Geschichte gehen somit im Leipziger Land eine fruchtbare Beziehung ein. Eine Region, in der im Zuge der Reformationsgeschichte Bedeutsames geschah, in der frühe evangelische Gemeinden entstanden und sich im Verlauf erster Visitationen Strukturen der sächsischen Landeskirche herausbildeten, eine Region, in der sich im Schoß der lutherischen Kirche das Volksschulwesen entfaltete, diese Region, das Leipziger Land, ist bis heute eine lebendige und rege geblieben, die es zu besuchen und anzuschauen lohnt.   ●

Cospudener See südlich von Leipzig

▶ DR. HANS-JÜRGEN KETZER
ist Leiter des Volkskundemuseums Wyhra.

VERBUM DOMINI MANET IN AETERN

D. BEHERZTE. FRIEDRICH D. WEISE. JOHANN D. BES

ORTE DER REFORMATION ZWISCHEN PLEISSE UND MULDE

Die Region gehört zum Kernland der Reformation: Sie hat dieser nicht nur wegen der Besuche Luthers viele Impulse verliehen.

Martin Luther und die Reformation zwischen Pleiße und Mulde

Die Region im Herzen des Freistaates Sachsen blickt auf eine reiche Geschichte zurück, die bis in die Gegenwart nachwirkt

—

VON HEIKO JADATZ

▶
Wappen der
Kurfürsten von
Sachsen

◀ **Seiten 34/35**
Die ernestinischen
Kurfürsten Friedrich
der Weise und Johann
der Beständige
auf dem »Dresdner
Fürstenzug«

P leiße und Mulde – zwei Flüsse, die eine Region eingrenzen, in der sich von jeher historisch beachtliche Ereignisse und Vorgänge abgespielt haben. Bereits im Hochmittelalter stritten hier die Mächtigen um Landstriche, Städte, Dörfer, Burgen, Flussübergänge und Fernstraßen. Was diese Region auszeichnet, sind die großen Flächen, die meist auch noch beste Bodenwerte besitzen, die Flusstäler, in denen bereits die Slawen beachtliche Siedlungen anlegten, sowie die Fernwege, die vor allem Salz und andere Waren von West nach Ost und umgekehrt transportierten.

Im Laufe des 13. und 14. Jahrhunderts waren es die wettinischen Markgrafen von Meißen, die im mitteldeutschen »Monopoly« ihre Machtposition immer mehr ausbauten, während alle anderen Kontrahenten verdrängt oder ihrem Machtbereich unterstellt wurden. Selbst die Bischöfe in Merseburg, Naumburg-Zeitz und Meißen waren den Markgrafen faktisch unterstellt. Kleinere Herrschaften, wie Schönburg oder Wildenfels, konnten nur bedingt ihre Eigenständigkeit aufrechterhalten.

Zu dieser territorialen Vormachtstellung kam im 15. Jahrhundert ein politischer Prestigegewinn hinzu – 1423 wurden Markgraf Friedrich dem Streitbaren (1370–1428) die sächsische Kurwürde und die Kurlande um Wittenberg übertragen. Die Silbererzfunde im Erzgebirge machten den Meißner »Machtapparat« komplett. Diese Entwicklung hatte schließlich die Teilung des Territoriums zur Folge. Auf dem Landtag zu Leipzig wurde 1485 die Aufteilung in zwei Herrschaftslinien unter den Brüdern Ernst und Albrecht beschlossen. Fortan lagen das Herzogtum Sachsen (albertinisches Sachsen) mit den Residenzen in Meißen und Dresden und das Kurfürstentum Sachsen (ernestinisches Sachsen) mit den Residenzen in Torgau und Wittenberg nebeneinander. Dabei waren die beiden sächsischen Linien darum bemüht, die Herrschaft nicht auseinanderfallen zu lassen. Die Gebiete wurden miteinander »verzahnt«, die Münze blieb einheitlich, das Oberlandesgericht in Leipzig sowie die Verwaltung der Bergstädte lagen weiter in gemeinsamer Hand.

Die Reformation zwischen Befürwortern und Gegnern

Diese herrschaftspolitischen Vorgänge waren für den Verlauf der Wittenberger Reformation, besonders für das Gebiet zwischen Pleiße und Mulde, nicht unerheblich. Entlang der Mulde und Pleiße war man auf die Verzahnung der Gebiete besonders

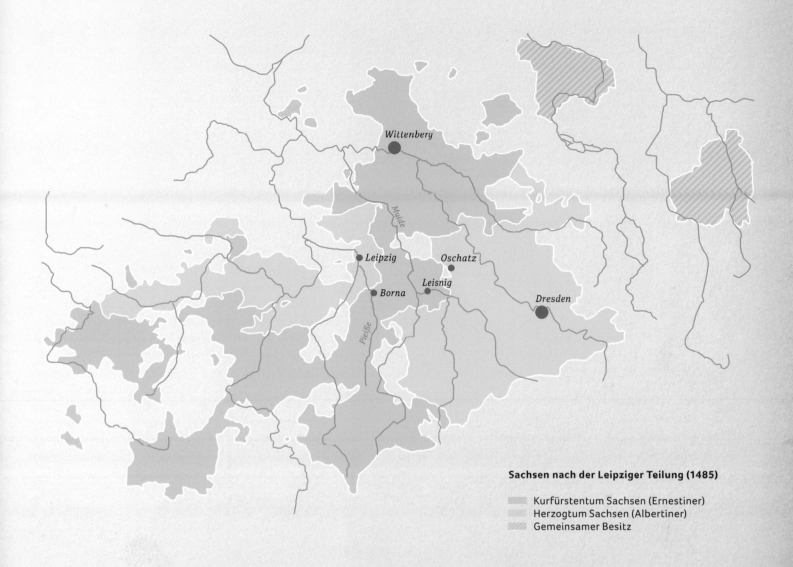

Sachsen nach der Leipziger Teilung (1485)

Kurfürstentum Sachsen (Ernestiner)
Herzogtum Sachsen (Albertiner)
Gemeinsamer Besitz

bedacht; ernestinische und albertinische Ämter lagen auf engstem Raum nebeneinander. Dazwischen genoss der Bischof von Meißen in den Stiftsgebieten um Wurzen und Mügeln einen landesherrlichen Status. Westlich lagen die Stadt Leipzig mit hoher wirtschaftlicher Bedeutung und der albertinischen Landesuniversität sowie die Bischofsstadt Merseburg. Östlich war die Nähe zum politischen Machtzentrum in Meißen und Dresden sowie zum geistlichen Zentrum mit dem Bischofssitz in Meißen spürbar.

Unter diesen Voraussetzungen häuften sich gerade in der Region zwischen Pleiße und Mulde reformationsgeschichtliche Ereignisse, getragen von einzelnen Personen – Pfarrer, Adlige, Gelehrte – bis hin zur ganzen Einwohnerschaft in Städten und Dörfern. Förderlich waren dabei die räumliche Nähe zwischen Kurfürstentum und Herzogtum Sachsen –

wo sich über 20 Jahre (1517–1539) Reformationsbefürworter und Reformationsgegner gegenüberstanden – sowie ein steigendes Selbstbewusstsein unter Adel, Bürgern und Bauern, Pfarrern und Klosterinsassen, die von der wirtschaftlichen Blüte zu Beginn des 16. Jahrhunderts profitierten.

Zaghafte Anfänge der Veränderung können wir im Augustinerkloster in Grimma im Jahr 1516 feststellen. Martin Luther (1483–1546) hielt sich dort gemeinsam mit seinem Mentor und Beichtvater Johann von Staupitz (ca. 1465–1524) zu einer Visitationsreise auf. In einer Predigt Luthers sollen bereits kritische Töne zum Ablasshandel angeklungen sein. »Nun will ich der Pauke ein Loch machen«, kündigte der junge Theologe im Blick auf die zweifelhaften Geldgeschäfte der römischen Kirche an. Solche Aussagen zeugen von einem bereits veränderten Zeitgeist, nicht nur innerhalb der Kir-

Martin Luther, Porträt
von Lucas Cranach
d. Ä.

▶ **Seite 39**
Kloster Buch bei
Leisnig

che, sondern in nahezu allen Bereichen. Die lutherische Theologie fiel ohne Zweifel allerorten auf »fruchtbaren Boden«.

Bahnbrechend für die Reformation zwischen Pleiße und Mulde war die Leipziger Disputation im Frühsommer 1519. Das akademische Streitgespräch zwischen Johann Eck und Martin Luther blieb im Grunde ergebnislos, doch es machte den Wittenberger Reformator unglaublich populär. Kurz darauf gab es im weiteren Leipziger Umland erste lutherische Pfarrer und lutherische Gottesdienste. Bereits 1519 predigte in der Stadt Borna Wolfgang Fuß evangelisch. Um 1520 wurde bekannt, dass in den Dörfern Schönbach und Großbuch Franz Klotz(sch) und Johannes Stumpf ihr Amt ganz an Luthers Lehre ausrichten. In Machern und Polenz setzte die Adelsfamilie von Lindenau die evangelischen Prediger Konrad Klug und Johann Kreß ein. In Trebsen förderte die Familie von Minckwitz die Lehre Luthers und holt 1521 den lutherischen Theologen Caspar Zeuner in das Muldestädtchen. In Döbeln hielt Jakob Seydler 1522 evangelische Gottesdienste, die eine große Anziehungskraft auf das gesamte Umland hatten. Bürger von Oschatz nahmen den Weg nach Döbeln auf sich, um an diesen Gottesdiensten teilzunehmen. In Leisnig wurden 1522 zwei ehemalige Mönche aus Kloster Buch in einer Gemeindeversammlung als evangelische Pfarrer gewählt und eingesetzt. Ihr Vorgehen ließen sich die Leisniger durch drei schriftliche Ordnungen Martin Luthers absichern, darunter die bahnbrechende Leisniger Kastenordnung.

Reformation auf dem platten Lande

Gegenüber reformatorischen Neuerungen in den Städten ist es ungleich schwieriger, solche Vorgänge für die ländlichen Bereiche zu ermitteln. Eines der seltenen Beispiele für die »Reformation auf dem platten Lande« lässt sich aus einem Vorgang von 1522/23 erfassen. Zwei Pfarrer aus der Merseburger Diözese, Johann Stumpf aus Schönbach bei Colditz sowie Franz Klotzsch aus Großbuch bei Bad Lausick, sollten sich bei Bischof Adolph von Anhalt dafür verantworten, dass sie ehelich geworden waren. Zunächst verweigerten sie es, in Merseburg anzutreten. Doch kurfürstlicher Schutz ermöglichte ihnen einen für sie gefahrlosen Termin beim Bischof. Das Gespräch verarbeitete wahrscheinlich Stumpf selbst in einem bald gedruckten Reformationsdialog »Handlung des Bischoffs von Merßburg / mit den zwayen Pfarhern von Schonbach vnd Buch«. Aus der Schrift geht hervor, dass die beiden Pfarrer mit der Wittenberger Theologie wohlvertraut waren und in ihrem Sinn argumentieren und predigen konnten. Nachgewiesen ist auch ein Briefwechsel zwischen Stumpf und Luther. (Dr. Michael Beyer)

Im Grimmaer Umland beschwerten sich die Pfarrer über die geringe Teilnahme an den Messen, weil die Leute den evangelischen Gottesdienst in Grimma besuchen würden. In Pegau predigte der Benediktinermönch Peter Körner evangelisch, zu seinen Gottesdiensten kamen die Leute aus dem weiteren Umland einschließlich der Stadt Leipzig. Daneben machte sich die evangelische Bewegung auch in den Klöstern bemerkbar. Das Antoniterkloster in Eicha kam bereits 1524/25 gänzlich zum Erliegen. Im Zisterzienserkloster Buch wurde nach dem Tod des letzten Abtes 1525 das Amt nicht wieder besetzt. In Kloster Nimbschen bei Grimma gelang 1523 zwölf Nonnen die Flucht, unter ihnen Luthers spätere Ehefrau Katharina von Bora (1499–1552).

Die ernestinischen Kurfürsten und albertinischen Herzöge von Sachsen beherrschten zwar gemeinsam die Region, waren in Sachen Reformation aber zunächst unterschiedlicher Meinung.

Kloster Altzella

Die sächsischen Landesherren reagierten auf diese frühe evangelische Bewegung höchst unterschiedlich. Die sächsischen Kurfürsten Friedrich der Weise (1463–1525) und Johann der Beständige (1468–1532) förderten die Lehre Luthers und duldeten folglich die evangelische Bewegung in ihren Städten und Dörfern. Im Herzogtum Sachsen hingegen galt Herzog Georg der Bärtige (1471–1539) als einer der schärfsten Luthergegner. Er verfolgte konsequent lutherische Bestrebungen. Der Besuch evangelischer Gottesdienste oder der Besitz lutherischer Schriften war strengstens verboten. Verhaftungen und Landesverweise evangelischer Untertanen waren die Folge. Damit wurde die »kirchliche Landschaft« zwischen Pleiße und Mulde in den frühen Jahren der Reformation zum Spannungsfeld. Evangelische und altgläubige Dörfer lagen in unmittelbarer Nachbarschaft.

Die Spannungslage wurde größer, als man in Kursachsen 1528/29 die Entscheidung fällte, die Reformation flächendeckend im Territorium einzuführen. In den größeren Städten Leisnig und Grimma wurden evangelische Superintendenten eingesetzt. Die Pfarrer in den kleineren Städten und Dörfern wurden auf die lutherische Lehre verpflichtet. Die Klöster unterstellte man der Landesherrschaft und löste sie allmählich auf.

Das Nebeneinander altgläubiger Gemeinden im Herzogtum und evangelischer Gemeinden im Kurfürstentum brachte Bewegung in den Landstrich. Die Menschen aus den albertinischen Gebieten strömten zu den Gottesdiensten in den evangelischen Dörfern, besonders im Umfeld der Stadt Leipzig. Landadel, Pfarrerschaft und Bürger in den albertinischen Gebieten fühlten sich durch »lutherische Nachbarschaft« bestärkt, sich gegen den Willen ihres Landesherrn der lutherischen Lehre zuzuwenden. In Gnandstein versuchte bereits ab 1521 die Familie von Einsiedel, die Lehre Luthers in ihrem Lehnsbereich zu etablieren. Gestärkt durch das evangelische Umfeld und mit Hilfe einiger kursächsischer Adliger gelang es den Einsiedels, dem religionspolitischen Druck ihres Landesherrn standzuhalten. In Oschatz versammelten sich um 1532 Bürger, um miteinander Lutherschriften zu lesen. Zudem besuchten sie die evangelischen Gottesdienste im nahegelegenen Mahlis und Sörnewitz. Herzog Georg reagierte mit harten Strafen und verjagte die evangelischen Bürger aus der Stadt.

Die Reformation setzt sich durch

Mit dem Tod des Reformationsgegners Herzog Georg im April 1539 war dieses spannungsreiche kirchliche Nebeneinander nahezu beendet. Dessen Bruder Herzog Heinrich der Fromme (1473–1541) galt bereits seit 1537 als evangelisch und führte mit der Übernahme der Landesherrschaft umgehend die Reformation im Herzogtum ein. Nach kursächsischem Vorbild wurde in Oschatz ein Superintendent eingesetzt und die Pfarrer in den Städten und Dörfern wurden auf die lutherische Lehre verpflichtet. Das Gebiet zwischen Pleiße und Mulde war somit 1539/40 weitgehend evangelisch.

Allein im Stiftsland um Wurzen und Mügeln beanspruchten die Meißner Bischöfe ihre Rechte und versuchten, die Einführung der Reformation zu verhindern. Zum Teil setzten sich die sächsischen Landesherren über das Bischofsrecht hinweg und förderten den evangelischen Gottesdienst auch im Stiftsland, besonders an der Wenzeslaikirche in Wurzen, wo der evangelische Pfarrer Johann Hofmann amtierte. Doch 1542 konnte auch hier dieses kirchliche Nebeneinander überwunden werden. Infolge der beigelegten Wurzener Fehde legten die sächsischen Landesherren im Oschatzer Friedensvertrag fest, ungeachtet der bischöflichen Rechte die Reformation im Stiftsland einzuführen. Johann Hofmann wurde als Wurzener Superintendent eingesetzt, in den umliegenden Dörfern verpflichtete man die Pfarrer und Untertanen auf die lutherische Lehre.

Aufbau einer Evangelischen Landeskirche

Nachdem die Region zwischen Pleiße und Mulde als einheitlich lutherisches Gebiet galt, konnte die lutherische Kirche zunehmend ausgebaut und gefestigt werden – die Herausbildung der Evangelischen Landeskirche in Sachsen zeichnete sich immer deutlicher ab. Entscheidend war dabei die Haltung der sächsischen Landesherrschaft in der Religionsfrage, wichtig das Wirken der Superintendenten in der Region, unabdingbar die Arbeit der Pfarrer in den Einzelgemeinden.

Lutherdenkmal
in Döbeln

Emmauskirche (vorn) und Stadtkirche St. Marien in Borna

In den ersten Jahren waren die besonderen Herausforderungen die Ausbildung einer qualifizierten evangelischen Pfarrerschaft, die Erarbeitung von Kirchenordnungen, die Auflösung und Neuverteilung der Klostergüter sowie verstärkte christliche Bildung in der Bevölkerung.

Besonders unter den sächsischen Landesherren Moritz (1521–1553) und August (1526–1586) wurden hier diese kirchenpolitischen Anliegen tragfähig auf den Weg gebracht. Für die Ausbildung der sächsischen Pfarrer wurden 1545 die drei Landesschulen in Schulpforta bei Naumburg, St. Afra in Meißen und in Merseburg eingerichtet. Wegen religionspolitischer Turbulenzen verlegte Kurfürst Moritz die Merseburger Landesschule nach Grimma in die Gebäude des einstigen Augustinerklosters. Neben diesen höheren Schulen wurde an den Landesuniversitäten Wittenberg und Leipzig das Theologiestudium verbessert. Landestipendien an den Hochschulen sowie an den drei Landesschulen ermöglichten auch begabten Schülern aus unvermögenden Familien eine höhere Bildung. Durch die Einführung eines Ordinationsexamens und der Ordination für Pfarranwärter wurden die »Hürden« für das Pfarramt so erhöht, dass nur noch ausrei-

chend qualifizierte und eindeutig lutherische Theologen die Pfarrstellen übertragen bekamen.

Neben der Verbesserung der theologischen Ausbildung und der Professionalisierung des Pfarrberufes wurden kirchliche Ordnungen erarbeitet, die Pfarramt und kirchliches Leben klar regelten. Bereits 1528/29 wurde mit dem »Unterricht der Visitatoren an die Pfarrherrn im Kurfürstentum Sachsen« eine erste »Handreichung« für das evangelische Pfarramt geschaffen. Für die christliche Bildung kamen der Große und Kleine Katechismus Martin Luthers hinzu. Auch im Blick auf Form und Inhalt der Gottesdienste waren neue Gottesdienstordnungen vonnöten. Bereits 1523 verfasste Martin Luther für die Stadt Leisnig eine erste Ordnung. Im gleichen Jahr entstand in Wittenberg die Lateinische Messe, 1526 die Deutsche Messe. Solche Ordnungen fanden eine rasche Verbreitung und zeigten den Bedarf an derartigen Schriften deutlich an. Im Herzogtum Sachsen wurde die 1539 erarbeitete »Heinrichsagende« bahnbrechend. Sie prägte die Form des evangelischen Gottesdienstes bis in die heutige Zeit hinein.

Schon vor der landesherrlichen Einführung der Reformation stellte sich die Frage, wie mit den

Klöstern und besonders mit deren immensem Besitz umzugehen ist. Nachdem der Landadel widerrechtlich manchen Klosterbesitz sich zu eigen machte, reagierten die Landesherren auf dieses Vorgehen. Zu Beginn der 1530er Jahre wurden Klosterbesitz und Klostergüter erfasst und über deren Weiternutzung wurde entschieden. Zum großen Teil nutzten die sächsischen Landesherren das Vermögen, um die Landesschulden zu tilgen. Zum anderen wurden aus dem freigesetzten Vermögen besonders Kirchen und Schulen unterstützt, indem Personal und Gebäudeerhaltung finanziert wurden. So wurde das Vermögen von Kloster Buch sowie das Augustinerkloster in Grimma dafür genutzt, um den Schulbetrieb der Landesschule Grimma zu gewährleisten, aber auch die Finanzierung der Landesstipendien kam aus diesen Mitteln.

Ein wichtiges Anliegen der Wittenberger Reformation war es auch, die allgemeine Schulbildung flächendeckend zu verbessern. In den Städten wurde das Personal vorhandener Schulen häufig aufgestockt und durch eine Schulordnung wurden Form und Inhalt des Unterrichtes verbessert. In größeren Städten, wie Leisnig, Oschatz oder Grimma, wurden Mädchenschulen eingerichtet. In den Dörfern schuf man Küster- und Schulmeisterstellen, die täglich die Kinder vor Ort zu unterrichten hatten.

In der zweiten Hälfte des 16. Jahrhunderts entwickelte sich ein evangelisches Landeskirchentum zwischen Pleiße und Mulde

So entwickelte und entfaltete sich zunehmend in der zweiten Hälfte des 16. Jahrhunderts ein evangelisches Landeskirchentum zwischen Pleiße und Mulde. Unter Kurfürst August von Sachsen wurde besonders in den 1570er Jahren die junge Landeskirche strukturiert. In Dresden richtete man ein Oberkonsistorium ein, eine zentrale Behörde für kirchliche Belange. 1580 erschien die Kursächsi-

sche Schul- und Kirchenordnung – ein Ordnungswerk, das bisherige Ordnungen zum Teil aufnahm, wie die »Heinrichsagende« von 1539, und neue Ordnungen zum Teil hinzufügte. Damit war am Ende des 16. Jahrhunderts das Luthertum in Sachsen landeskirchlich etabliert.

Die Fürstenschule in Grimma wurde zur wichtigen Bildungseinrichtung in Sachsen, aus der eine Reihe von berühmten Persönlichkeiten hervorging, die das frühe Luthertum prägten, wie der Liederdichter Paul Gerhardt (1607–1676) oder der Theologe Polycarp Leyser (1616–1641).

Evangelischer Kirchenbau (vor allem in der Barockzeit und im 19. Jahrhundert), Pfarrhöfe von beachtlicher Größe (wie in Kohren-Sahlis), Pfarrhäuser im Landhausstil (wie in Neichen), bedeutende Kirchenmusiker (wie Salomo Liskow in Wurzen und Franziskus Nagler in Leisnig), Gelehrte und Dichter (wie Christian Fürchtegott Gellert) und vieles mehr prägten das Luthertum zwischen Pleiße und Mulde bis in jüngste Zeit hinein.

Und auch heute zeigt die evangelisch-lutherische Kirche ein vielfältiges »Gesicht« in der Region – nicht allein durch imposante Kirchenbauten, sondern vor allem durch die vielfältigen Aufgaben, Veranstaltungen und Gruppen in den Kirchenbezirken Leipziger Land und Leisnig-Oschatz, in den Kirchgemeinden, in den Einrichtungen des Diakonischen Werkes, in den Jugendarbeitsstellen, in den evangelischen Schulen und Kindergärten, in Chören und Instrumentalgruppen, in den Tagungs- und Rüstzeithäusern.   ●

▶ **DR. HEIKO JADATZ**
  ist Kirchenhistoriker und Pfarrer im Kirchenbezirk
  Leisnig-Oschatz.

▶ **WEITERFÜHRENDE INFORMATIONEN ZUM HEUTIGEN EVANGELISCHEN KIRCHENLEBEN IN DER REGION**
Kirchenbezirk Leipziger Land
Superintendentur des Kirchenbezirkes Leipziger Land
Martin-Luther-Platz 4, 04552 Borna
http://www.kirche-im-leipziger-land.de

Kirchenbezirk Leisnig-Oschatz
Superintendentur des Kirchenbezirkes Leisnig-Oschatz
Kirchplatz 3, 04703 Leisnig
https://www.kirchenbezirk-leisnig-oschatz.de

Etappe zwischen Wartburg und Wittenberg

Im kursächsischen Borna, das Luther mehrfach besuchte, konnte sich die Reformation rasch durchsetzen

—

VON MARKUS COTTIN UND ANNEMARIE ENGELMANN

Wappen der Stadt Borna

»**W**enn Euer Kurfürstlich Gnaden gläubte, so würde sie Gottes Herrlichkeit sehen; weil sie aber noch nicht gläubt, so hat sie auch noch nichts gesehen. [...] Ich kome gen Wittemberg inn gar viel einem hohern Schutz, denn des Churfurstenn. Ich habe auch nicht im Synn, von Euer Fürstlich Gnaden Schutz [zu] begeren.« Martin Luther schrieb diese Worte am 5. März 1522 in Borna an seinen Schutzherrn, Kurfürst Friedrich den Weisen. Auf seinem unerlaubten, heimlichen Weg von der Wartburg nach Wittenberg, zur Beruhigung der dort ausgebrochenen Unruhen, war er im Hause des Bornaer Geleitsmannes, Michael von der Straßen, untergekommen. Dabei hatte er die übliche Straße genutzt, die von Nürnberg her auf ernestinischem Gebiet über Borna, Grimma, (Bad) Düben und Eilenburg nach Wittenberg führte.

In Borna wurde Luther vom Rat mit Bier und Wein als Tischgetränk beschenkt, wie die Stadtrechnungen ausweisen. Derartige Geschenke stellten stets eine Aufforderung dar, gemeinsam zu speisen und dabei in Gesellschaft wichtige Dinge zu beraten.

Das Kirchenwesen Bornas war im Mittelalter wesentlich vielfältiger als nach der Reformation. Südöstlich außerhalb der Stadtmauer existierte die Kunigundenkirche, deren Architektur in die Mitte des 12. Jahrhunderts weist. Im benachbarten Dorf Wenigenborna stand die Johanniskirche. In diesem vorstädtischen Bereich sind die Anfänge Bornas zu suchen, das Mitte des 13. Jahrhunderts (Ersterwähnung 1251: Burchardus scriptor de Borne) mit städtischen Qualitäten sowie einer landesherrlichen Burg erscheint. Ein Bornaer Pfarrer wird erstmalig 1264 genannt – dieser ist offenbar auf die Stadtkirche St. Marien zu beziehen. Auf einen städtischen Rat lässt die Zeugenreihe einer Urkunde von 1309 schließen, die einen Vogt sowie einen Stadtschreiber nennt. Der Vogt verweist auf die Rolle Bornas als Mittelpunkt eines wettinischen Amtes, das über 60 Dörfer umfasste.

Bis ins 15. Jahrhundert hinein lassen sich sporadisch Aufenthalte der wettinischen Markgrafen von Meißen bzw. Kurfürsten und Herzöge von Sachsen feststellen. Indes saß auf der landesherrlichen Burg seit dem ausgehenden 13. Jahrhundert die Familie List, später die von der Jahne. Von 1424 bis 1465 waren Stadt und Amt an den Naumburger Bischof verpfändet.

Seit der Leipziger Teilung 1485 gehörte das Amt Borna zum ernestinischen Kurfürstentum Sachsen.

Das Wappen der Stadt Borna zeigt neben einem Löwen und einem Judenhut ein Kirchengebäude als Ausweis der engen Verbindung der Bürgerschaft mit der Marienkirche. Hier lassen sich seit dem Ende des 14. Jahrhunderts zahlreiche Stiftungen nachweisen. An der Wende zum 15. Jahrhundert verfügte die Stadtkirche über mehrere Nebenaltäre sowie eine Kaland- und eine Annenbruderschaft. Bis heute ist der einzigartige Marienaltar von Hans Witten erhalten, der in den Jahren 1511/12 entstand. Er kündet von der reichen Frömmigkeit vor Anbruch der Reformation.

Obwohl das Patronatsrecht über die Marienkirche beim Pegauer Benediktinerkloster St. Jakob lag, erlangten die Bornaer Bürger durch die Bestimmung zweier Altarmänner bereits früh Einfluss auf die Marienkirche. Seit 1497 versuchte sich die Stadt mehr und mehr vom Pegauer Jakobskloster zu lösen; 1522 konnte das Patronatsrecht über Kirche und Schule durch den Bornaer Rat erworben werden. Schon 1519 war Wolfgang Fusius als evangelischer Prediger durch Martin Luther nach Borna gesandt worden. Hier hatte er in dem katholischen Pfarrer Koch einen scharfen Widerpart. Als Patronatsherr über die Stadtkirche und Schule gewann der Rat seit 1522 einen starken Einfluss auf den Fortgang der Reformation. 1523 kam Magister Georg Mohr als evangelischer Prediger nach Borna.

Als Anfang Mai 1524 der Merseburger Bischof Adolf von Anhalt auf einer Visitationsreise in Borna weilte, bot ihm Georg Mohr theologisch Paroli. Bei der evangelischen Visitation 1528/29 fasste man die zahlreichen Stiftungen an der Marienkirche im Gemeinen Kasten zusammen. Als Verwalter fungierte der Bornaer Rat. Die Kunigundenkirche und die Johanniskirche vor der Stadt büßten an Bedeutung ein. Letztere wurde nach der Visitation von 1533 zur Stadtkirche geschlagen und später abgebrochen. Mit der Einrichtung der Bornaer Superintendentur 1547 fand die Neuordnung des

Kirchenwesens im evangelischen Sinne vorläufig einen Abschluss.

Martin Luther weilte seit 1522 noch mehrfach in Borna und predigte hier. Hier war die Nähe zur reformatorisch gesinnten Familie von Einsiedel gegeben, ebenso wie zu Georg Spalatin, der Pfarrer in Altenburg war. Besonderen Wert legte Martin Luther jedoch auf die Nähe Zöllsdorfs, des Gutes, das Luther seiner Frau Katharina von Bora 1540 als »Erbdächlein« erworben hatte. Die Frau des Reformators war zudem im nahen Lippendorf zur Welt gekommen.

1544 – zwei Jahre vor seinem Tod – charakterisierte Martin Luther eine Reise, die ihn wiederum nach Borna führen sollte, folgendermaßen: »Ich habe beschlossen, durch das Gebiet unseres Fürsten zu reisen über Grimm und Born. Wenn ich von Born (denn da liegt mein Dorf Zülsdorf sehr nahe) durch das Land der Bauern bis Zeitz gereist bin, will ich es euch von da melden.« •

▲
links: Emmauskirche mit Martin-Luther-Denkmal

rechts: Stadtkirche St. Marien

▶ **MARKUS COTTIN**
ist Leiter des Merseburger Domstiftsarchivs und der Domstiftsbibliothek.

▶ **ANNEMARIE ENGELMANN**
ist Mitglied des Geschichtsvereins Borna.

Noch ein weiter Weg zum Museum

Schloss Colditz erlebte unter Friedrich dem Weisen ein »Goldenes Zeitalter«, an das man künftig anknüpfen möchte

—

VON REGINA THIEDE

Zwar gehören Schloss und Stadt Colditz nicht zum engeren Kreis der Reformationsorte, jedoch sind sie eng mit einigen Protagonisten dieser außergewöhnlichen Zeit verbunden. Als Kurfürst Friedrich der Weise um 1519 den Ausbau des Schlosses beginnen ließ, war die Anlage bereits mehr als hundert Jahre im Besitz seiner Familie. Das herrschaftliche Wohngebäude war zu dieser Zeit noch der romanische Palas der Burg, das heutige Kellerhaus. Dieses allerdings lag wenig repräsentativ in einem Winkel des Hofes. Nun ließ Friedrich sich durch den Zimmermann und Baumeister Hans Zinkeisen das obere Haus als Fürstenhaus ausbauen. Damit wohnte er fortan nicht nur im höchstgelegenen Gebäude, sondern auch in einer Blickachse zum Schlosstor.

Die reichlichen Baurechnungen dieser Jahre berichten vom Neubau eines Kornhauses und großer Marställe im Wirtschaftshof des Schlosses. 80 Pferde konnten hier für umfangreiche Hofjagden untergestellt werden. Im Fürstenhof wurden die Wohngebäude ausgebaut. Waren bis dahin vier Gebäude aus der Mitte des 15. Jahrhunderts drei Etagen hoch, so wurden sie jetzt alle auf vier Etagen erhöht und durch Wendelsteine in den vier unregelmäßigen Ecken des Hofes verbunden. Nur ein Gebäude, das Saalhaus, stand etwas abseits, so dass zusätzlich lange geschlossene Gänge über den älteren Wehrmauern errichtet wurden. Im Ergebnis war es möglich, alle fürstlichen Wohngebäude zu erreichen, ohne den Hof betreten zu müssen. Den alten Bergfried riss man ab, stattdessen wurde ein anderer Turm erhöht. Die äußere Erscheinung des Schlosses hatte damit um 1525 einen Zustand erreicht, wie er sich uns auch heute noch weitestgehend darstellt und auf dem Cranach-Gemälde »Das Goldene Zeitalter« gut zu erkennen ist.

Im Unterschied zum heutigen nüchternen Erscheinungsbild wirkt das Schloss hier jedoch im Detail unendlich verspielter und kostbarer. Zierrat aus vergoldeten Knöpfen und Blumen schlang sich um die Querhäuser und Giebel. Die Fenster waren durch Malerei untereinander horizontal verbunden, die Turmspitzen vielfach bekrönt. Auf der Spitze des viereckigen Turmes, der heute nicht mehr vorhanden ist, prangte ein bogenschießender Engel. Der Entwurf dieser Turmspitze stammte von Lucas Cranach d. Ä.

Das Appartement Friedrichs lag im 2. Obergeschoss des Fürstenhauses und bestand aus Stube, Schlafkammer, Schreibstübchen und »Heimlichkeit«. Letztere war eine von der Schlafkammer aus zugängliche Toilette, die heute zwar vermauert, aber noch vorhanden ist. Die Wohnstube besaß eine hölzerne Brusttäfelung und hatte einen außerordentlich bunten Keramikfußboden in grün, weiß, ocker und blau, Farben, die uns auch am dortigen Kachelofen wiederbegegnen. Ein 2005 unter dem Hofpflaster gefundenes Fragment einer Kachel mit

Die Stadt Colditz mit Schloss von Westen

Darstellung des Hl. Bartholomäus könnte Teil dieses Ofens gewesen sein, ist Bartholomäus doch der Lieblingsheilige Friedrichs gewesen. Das Schreibstübchen war ein ca. sechs Quadratmeter großer ofenbeheizter Rückzugsraum des Kurfürsten zum Lesen, Schreiben und für den Ausblick, wie er ähnlich auch in Wittenberg und Meißen vorhanden war.

Die Innenausstattung des kurfürstlichen Appartements wurde überwiegend von Lucas Cranach d. Ä. geschaffen. Er entwarf das Muster des Fußbodens aus Erlen- und Eichenhölzern in der Schlafkammer, kaufte Edelsteintische auf der Leipziger Messe, schuf die Gemälde für die Wände und malte die Tüchlein für die Decken. In der Wohnstube waren in den Holzkassetten der Decke biblische Szenen auf Tüchlein gemalt und angeschlagen, in der Schlafkammer waren es sächsische Wappen. In beiden Räumen gab es Blumengirlan-

den, die sich um die Bildfelder der Kassetten rankten. Diese Girlanden waren ebenfalls Tüchlein, also Malereien von Wasserfarben auf ungrundierter Leinwand. Hiervon hat sich erstaunlicherweise ein Fragment erhalten und ist 2015 restauriert worden. Es zeigt Blüten und Blätter auf dunklem Grund und dürfte das einzige erhaltene Cranach-Tüchlein überhaupt sein.

Zum Colditzer Gefüge gehörten seit Friedrichs Zeiten ebenfalls Schießstände, eine Drechselstube, ein Vogelherd, ein Obstgarten und ein Tiergarten, in dem vor allem Rot- und Damwild gehalten und gejagt wurde. Und Friedrich hielt sich immer häufiger in Colditz auf. Aus den Daten seiner in Colditz unterschriebenen Briefe und Urkunden lässt sich schließen, dass sich seine Besuche nach 1520 verlängerten und ihre Häufigkeit nur noch unter denen von Schloss Lochau lagen.

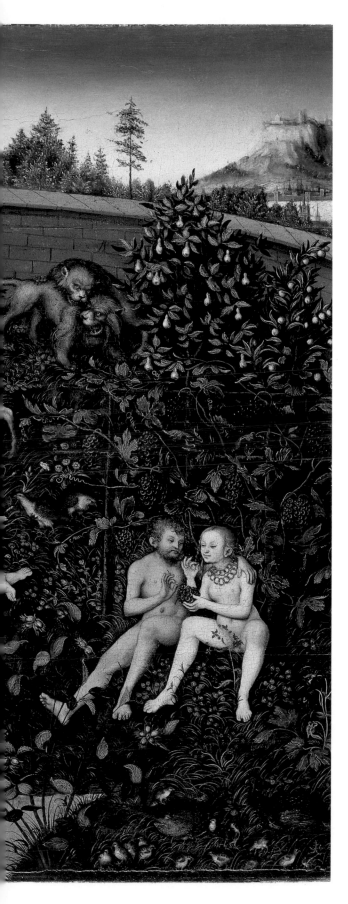

Ein Aufenthalt Martin Luthers ist weder für das Schloss noch für die Stadt Colditz belegt. Allerdings stellt ein Ereignis nicht nur die Verbindung zu Colditz, sondern auch zu den derzeit jährlich mehr als 10.000 britischen Schlossbesuchern her: Am 27. April 1523 empfing hier Friedrich der Weise den englischen Gesandten Raphael York. Im Auftrag Heinrichs VIII. überbrachte er Friedrich einen Brief, in dem der Kurfürst vom englischen König zur Bekämpfung der lutherischen Ketzerei aufgefordert wird. Ein Verlangen, dem Friedrich bekanntermaßen nicht nachgekommen ist.

Schloss Colditz wurde noch bis ins 18. Jahrhundert vom sächsischen Herrscherhaus besucht, war danach Arbeitshaus, Irrenanstalt, KZ und Krankenhaus, aber niemals Museum. Leider ist der Weg dahin auch seit dem Auszug des Krankenhauses 1996 noch sehr mühselig. Nur äußerlich ist der Eindruck schon vielversprechend, wohingegen durch die meisten Räume noch Krankenhausduft weht. In die Wohnräume Friedrichs des Weisen wurde erst 1979 eine Decke eingezogen. Darüber ist die Fülle von 500 Jahren Baugeschichte jedoch weitestgehend erhalten. Auch die Toilette liegt hinter einer Mauer von 1979. Ein Fluchtschacht inhaftierter holländischer Offiziere aus dem Jahr 1942 durchbricht in der kurfürstlichen Toilette ebenfalls den Fußboden und führt in den dicken Mauern hinunter ins Erdgeschoss.

Der berühmteste Fluchttunnel verläuft unter dem Fußboden der Kirche, für den neun dicke Eichenbohlen mit primitivem Werkzeug durchgesägt werden mussten. Der Tunnel und der Nachbau des Segelfliegers, mit dem zwei Engländer die Mulde überqueren wollten, sind derzeit die Attraktion für die Besucher des 2015 fertiggestellten Kirchenhauses.

Die in den Quellen der letzten 200 Jahre viel beklagte Vernachlässigung von Schloss Colditz könnte einmal Früchte tragen, bringt sie doch mit sich, dass zumindest das immobile Erbe der kurfürstlichen Zeit in reichhaltigen Befunden in den Gebäuden schlummert. Insbesondere wartet ein vollständig erhaltenes Stuben-Appartement Friedrichs des Weisen darauf, von Überbauungen befreit zu werden und seine Geheimnisse preiszugeben. ●

»Das Goldene Zeitalter«, Gemälde von Lucas Cranach d. Ä. mit Schloss Colditz oben links (um 1528)

▶ **REGINA THIEDE**
ist Museologin auf Schloss Colditz und hat den Beitrag unter Verwendung neuerer Forschungsergebnisse von Thomas Lang (Wittenberg) verfasst.

»Jeder Tag ist Nicolaus-Tag!«

*Die seit 1539 evangelische Kirche St. Nicolai
mit ihren zahlreichen Kunstschätzen überragt
die alte Handelsstadt Döbeln*

—

VON MATTHIAS DONATH

Kirche St. Nicolai
in Döbeln

»**J**eder Tag ist Nicolaus-Tag!« Mit diesem Spruch, der auf den Nikolaustag am 6. Dezember anspielt, lädt die Evangelisch-Lutherische Kirchgemeinde Döbeln in die Stadtkirche St. Nicolai ein. Diese steht jeden Tag (außer montags) für Besichtigungen und Zeiten der Stille offen. Nikolaus wird als Schutzpatron der Kaufleute und Reisenden verehrt. Das ist auch der Grund, warum die Stadtkirche in Döbeln seinen Namen trägt. Es waren Kaufleute, die zu Beginn des 13. Jahrhunderts auf der Muldeninsel, unterhalb einer bereits 981 genannten Burg, die Stadt Döbeln anlegten.

Unweit des Obermarkts, wo die Händler ihre Waren feilboten, wurde eine Stadtkirche errichtet, die spätestens 1293 bestanden haben muss. Mehrere Generationen haben an ihr gebaut. Teile des Mauerwerks der heutigen Kirche stammen aus dem 14. Jahrhundert; die Marienkapelle an der Südseite wurde 1403 errichtet. Wie eine Bauinschrift am Chor mitteilt, nahm man 1479 einen Umbau in Angriff, bei dem die spätgotische Hallenkirche zu ihrer heutigen Größe erweitert wurde. Es entstand eine geräumige dreischiffige Hallenkirche mit schönen Gewölben und Maßwerkfenstern. Mit dem wuchtigen Turm, der in das Kirchenschiff eingestellt ist, und dem mächtigen Schieferdach beherrscht die Nicolaikirche das Stadtbild. Nach Bränden 1629 und 1730 wurde der obere Teil des 68 Meter hohen Turms erneuert. Seitdem hat der Kirchturm eine reich bewegte, in barocker Manier gestaltete Haube.

Die Stadt an der Freiberger Mulde, bis zur Industrialisierung im 19. Jahrhundert hauptsächlich durch Handel und Handwerk geprägt, erlebte gute und schlechte Zeiten. Besonders reich muss Döbeln zu Beginn des 16. Jahrhunderts gewesen sein, als die Stadtbewohner einen der größten Flügelaltäre Sachsens stifteten. Mit der gewaltigen Höhe von über zwölf Metern beherrscht er den Kirchenraum und füllt den Chor bis in das Gewölbe aus. Das funkelnde Schmuckstück wurde 1515/16 von einem Freiberger Bildschnitzer geschaffen; die Gemälde malte ein namentlich nicht bekannter Cranachschüler, der als

»Meister des Döbelner Hochaltars« bezeichnet wird. Der Flügelaltar kann
zweimal »gewandelt« werden. Noch heute werden die Flügel umgedreht. Die
Hauptseite ist nur zwischen Ostern und
Pfingsten sowie zu Weihnachten geöffnet. Im Mittelschrein sieht man den heiligen Nikolaus, begleitet von Leonhard
und Wenzel. Zur Fastenzeit, im Advent
und zwischen Aschermittwoch und
Karfreitag, ist der Altar vollständig ge-
schlossen. Die zweite Wandlung, die
dann zu sehen ist, zeigt die Legende des
heiligen Nikolaus.

Nicht nur der Flügelalter, auch der
um 1510 geschaffene »Mirakelmann«
berichtet von der Frömmigkeit des spä-
ten Mittelalters. Die Menschen wollten
das biblische Geschehen innig nacherle-
ben. Deshalb veranstalteten sie Passi-
onsspiele, bei denen der Leidensweg
Christi von der Kreuzigung bis zur Grab-
legung nachgestellt wurde. Dafür ver-
wendete man eine bewegliche, lebens-
große Christusfigur aus Lindenholz.
Diese ist so bemalt, dass der Eindruck
eines toten, geschundenen Menschen
entsteht. Im Rumpf befindet sich eine
Vertiefung für ein Gefäß, welches mit
Tierblut gefüllt werden konnte. Bei den
Passionsspielen wurde die zuvor mit
Wachs verschlossene Stelle geöffnet, so
dass Christus scheinbar echt bluten
konnte. Der »Mirakelmann« hat eine
ganz eigene Leidensgeschichte hinter
sich. Hinter der Orgel verborgen, wurde
er in den 1980er Jahren wiederentdeckt
und aufwändig restauriert. Doch dann
kam das Hochwasser im August 2002.
Der »Mirakelmann« wurde von den Flu-
ten mitgerissen und schwer beschädigt.
Abermals war eine Restaurierung erfor-

derlich. Heute wird die Figur in einer kli-
matisierten Holzlade auf der Empore
aufbewahrt.

Döbeln gehörte zum albertinischen
Landesteil Sachsens, in dem Herzog
Georg die Ausbreitung der Reformation
zu verhindern suchte. Luthers Lehre ver-
breitete sich zuerst durch den Glashütter
Pfarrer Jakob Seydler, den der Bischof
von Meißen 1521 nach Döbeln verbannt
hatte. Seydler hatte sich Martin Luther
angeschlossen und seine Köchin gehei-
ratet. Der Döbelner Rat setzte sich dafür
ein, dass Seydler in Döbeln predigen
durfte. Da ihm die Nicolaikirche ver-
schlossen blieb, hielt er am 11. November
1521 im Ratssaal eine Predigt, die als der
erste evangelische Gottesdienst Döbelns
gilt. Nach weiteren fünf Predigten griff
der Meißner Bischof ein. Seydler kam in
Haft, floh aber später nach Nürnberg.
Als Herzog Heinrich der Fromme 1539 in
seinem Landesteil die Reformation ein-
führte, wurden in Döbeln drei evangelische Pfarrstellen eingerichtet. Der erste
lutherische Pfarrer war Conrad Wolf-
ram. Das Döbelner Nonnenkloster, das
damals nur noch fünf Nonnen umfasste,
wurde aufgelöst. Von der Klosteranlage
blieben keine Reste erhalten.

Die Kirchgemeinde Döbeln hat seit
jeher einen sehr großen Pfarrbezirk, der
nicht nur die Stadt, sondern auch 22
umliegende Dörfer und Dorfteile umfasst.

Im Mittelalter gab es zwei Stadtkirchen.
Auf dem Niedermarkt stand die Jacobikirche, die aber 1523 bei einem Stadtbrand zerstört und danach nicht wieder
aufgebaut wurde.

Döbeln wurde Ende des 19. Jahrhunderts von der Industrialierung erfasst.
Um 1900 gehörten der Kirchgemeinde
St. Nicolai mehr als 17.000 evangelische Christen an. Da die Nicolaikirche
zu klein geworden war, errichtete man
1903/04 außerhalb der Innenstadt, am
westlichen Stadtrand, die Jacobikirche.
Stadtbaumeister Otto Richter mischte
traditionelle Architekturformen verschie-
dener Jahrhunderte, ohne dass eine bestimmte Stilrichtung auszumachen ist.
Aufgrund zunehmender Bauschäden wurde das Gotteshaus seit 1982 nicht mehr
genutzt. In den 1990er Jahren war eine
umfassende Renovierung möglich. Um
einen kleineren, flexibel nutzbaren Raum
zu erhalten, wurde das Kirchenschiff
geteilt. Unter der sehr tiefen Orgelem-
pore entstanden eine Küche und sanitäre
Einrichtungen. Heute wird die Jacobikirche vor allem für Gemeindefeste genutzt.
Mehrmals im Jahr ist die Jacobikirche
mit Kindern und Eltern gefüllt, die hier
kindgerechte »Kindergartengottesdiens-
te« feiern. Denn auf dem Kirchengelände
befindet sich seit 2005 der evangelische
Kindergarten St. Florian.   ●

Eine der letzten Bastionen des alten Glaubens

Die Herrschaft Schönburg mit ihrem traditionsreichen Kloster Geringswalde öffnete sich erst 1542 der Lehre Luthers
—

VON MICHAEL WETZEL

Dass Geringswalde einst ein bedeutendes Benediktinerinnenkloster beherbergte, ist im heutigen Stadtbild nicht mehr erkennbar. Stattdessen zieht die 1890 erbaute neugotische Martin-Luther-Kirche mit ihrem 65 m hohen Turm die Blicke der Besucher auf sich. Ihr Name scheint wohl gewählt, drückt er doch aus, dass selbst hier, in einer der letzten Bastionen des Katholizismus in Mitteldeutschland, die Reformation letztlich siegte. Erst 1543 ist das geschehen, und es hängt damit zusammen, dass weder die reformationsfreundlichen Ernestiner noch ihre viel zögerlicheren albertinischen Vettern hier das Sagen hatten. Denn das Kloster war 1233 auf reichsunmittelbarem Boden von den Herren von Schönburg gegründet worden, und seine Stifter vermochten bis in die Neuzeit einige landeshoheitliche Rechte zu behaupten. Mitte des 16. Jahrhunderts reichte ihr Herrschaftsgebiet von Geringswalde dem Lauf von Zwickauer Mulde und Schwarzwasser folgend bis zum Fichtelberg.

Ihre politische Macht stellten die Schönburger in Schlössern wie Glauchau oder Hartenstein zur Schau, geistlich aber spielte Geringswalde eine entscheidende Rolle. Im Kloster befand sich die schönburgische Familiengrablege, und von den Lebenden traten nicht nur schönburgische Töchter, sondern auch Vertreterinnen anderer namhafter Adelsgeschlechter und Bürgerliche in den Nonnenkonvent ein. Die katholische Frömmigkeit, die im Territorium der Schönburger gepflegt wurde, ist heute noch greifbar anhand der in auffallender Dichte mit spätgotischen Schnitzaltären versehenen Dorfkirchen, z.B. in Schlunzig oder im Mülsengrund. Auch das kleine Kirchlein in Altgeringswalde beher-

Geringswalde

Johan. Pfeffinger der H. Schrifft 82
Doctor/Pfarrer zu Leipzig.

I.M.Blinden Bapsthumb bin ich geboren/
Von Gott zum Prediger außerkoren/
Vil gfahr außstund von Gottswortswegen/
Leipzig vil Jar lehr durch Gotts segen.
Starb im Jar. 1 5 7 3.	L ij

bergt einen kunsthistorisch bemerkenswerten Marienaltar.

Lange haben die Herren von Schönburg versucht, jegliche Sympathien für
die reformatorische Bewegung im Keim
zu ersticken. Wolf I. von Schönburg
(1482–1529) hatte Luthers Auftritt beim
Reichstag in Worms 1521 miterlebt und
dort eine persönliche Abneigung gegen
den Reformator entwickelt, die sein
mitregierender Bruder Ernst II. (1486–
1534) teilte. Luther wiederum hat sich in
seinen Tischreden hart gegen die Tyran-
nei der Schönburger ausgesprochen. Wie
berechtigt diese Kritik war, zeigt das
Schicksal des Kirchendieners Georg
Trosdorff in Ponitz, dem Ernst II. wegen
seiner protestantischen Gesinnung 1534
die Ohren abschneiden ließ.

Glimpflicher kamen die Bauern des
Klosters Geringswalde davon, die 1538
lediglich streng ermahnt werden mussten, die durch die Einführung der Reformation in der benachbarten Herrschaft
Rochlitz eindringende »ketzerische lutherische Lehr ... nit zu hören«. Diese
Anweisung galt auch für den Kloster-
konvent unter Leitung der energischen
Äbtissin Ursula von Leutzsch. Seit 1521
im Amt, verstand sie es, das Kloster in-

takt zu halten bis in eine Zeit, in der die
umliegenden Abteien längst schon aufgelöst waren. Unter ihrer Führung wurden die mit dem Kloster verbundenen
Kirchen Rückzugsorte für anderswo
entlassene katholische Geistliche. Sie
fanden hier neue Anstellung mit der
ausdrücklichen Weisung, ihren
Dienst »mit den altloblichen
Ceremonien« weiter zu ver-
sehen.

Erst 1542 wendete sich
das Blatt. Ernst II. von
Schönburg war inzwischen
verstorben, und die Vormün-
der seiner Söhne griffen eine
Beschwerde des sächsischen
Herzogs Moritz auf, der sich beklagte, dass »päpstliche misbrau-
che ... in der Herrschafft Schonburgk
noch ym schwangk gehen.« Vermutlich hat der Mitvormund Ludwig
Fachs, Bürgermeister in Leipzig,
den in der Messestadt amtierenden Superintendenten Johann Pfeffinger für das Re-
formationswerk gewinnen
können. Pfeffinger hielt
am 18. Oktober 1542
in Glauchau die erste
evangelische Predigt,
setzte einen Superintendenten ein und entwarf eine Kirchenordnung für das ganze schönburgische Herrschaftsgebiet. Ende 1543
wird dann auch in Geringswalde ein
evangelischer Geistlicher genannt. Pfarrer Lukas Friedel amtierte sowohl an der
Stadtkirche als auch im Kloster. Nun-
mehr traten die ersten Nonnen in den
weltlichen Stand über. Die Mehrheit des
Konvents blieb aber beisammen, denn
für Nonnen war der Übergang zu einer
bürgerlichen Existenz weit schwieriger
als für Mönche. Die Schönburger garantierten die Versorgung der Klosterinsas-

sen bis an ihr Lebensende. Ein Gemein-
schaftsleben hielt sich sogar über den
Tod der letzten Äbtissin Ursula von
Leutzsch im Jahr 1554 hinaus. Noch
1569 verzeichnen die Akten den Ver-
pflegungsaufwand für die letzten
ehemaligen Nonnen.

Allerdings hatten die Kloster-
gebäude in gut protestantischer
Manier inzwischen eine andere
Bestimmung erhalten. Nach
dem Vorbild von St. Afra Meißen richteten die Schönburger
1566 eine schönburgische Landesschule in Geringswalde ein.
Freilich haben nur 31 Schüler
diese Lehranstalt durchlaufen.
Als Opfer theologischer Richtungs-
kämpfe ließ Kurfürst August von Sachsen die Schule bereits 1568 gewaltsam
schließen. 1590 wurde Geringswalde
schließlich an Kursachsen verkauft. Der
Klosterkomplex fungierte fortan als
Kammergut und wurde nach 1945
abgerissen.

Im übrigen Herrschaftsge-
biet der Schönburger aber erhielt sich das protestantische Kirchenwesen bis weit
in das 19. Jahrhundert hinein eine in vielen Details von anderen sächsischen Landesteilen
abweichende Prägung. Ein eigenes
schönburgisches Kirchengesangbuch
war bis 1883 in Gebrauch und den Re-
formationstag feierte man traditionell
nicht am 31. Oktober, sondern am 18. Oktober und gedachte damit dessen, was
Johann Pfeffinger einst für die Region
auf den Weg gebracht hatte.	●

▶ DR. MICHAEL WETZEL
ist als Historiker im Staatsarchiv Chemnitz
tätig.

»Licht im verworrenen Dunkel des Adels«

*Luther lobte die Einsiedels auf Burg Gnandstein
für ihr Eintreten für die Reformation*

—

VON FALK SCHULZE

Burg Gnandstein

Direkt an der A 72 zwischen Leipzig und Chemnitz liegt das idyllische Kohrener Land mit seinen dunklen Wäldern, grünen Wiesen und zauberhaften Seen. Bereits seit der ersten Hälfte des 19. Jahrhunderts genießt es als Erholungsgebiet und Ausflugsziel bei Leipziger bzw. Chemnitzer Stadtbewohnern einen hohen Stellenwert. Überlieferte Gästebücher aus dieser Zeit belegen die Anziehungskraft. Im Zentrum dieses Gebietes liegt Burg Gnandstein, Sachsens besterhaltene romanische Wehranlage. Ihre Ursprünge liegen in den Anfangsjahren des 13. Jahrhunderts. Mitglieder der Familie von Schladebach, Ministeriale des Markgrafen Dietrich des Bedrängten (1162–1221), gelten als Gründer der Anlage auf dem Felssporn über der Wyhra. Vom Parkplatz direkt unter der Burganlage drängt sich der imposante Bergfried ins Blickfeld des Betrachters. Er stammt aus der zweiten Hälfte des 13. Jahrhunderts. Wer den Aufstieg bis zur Aussichtsplattform wagt, wird mit einem atemberaubenden Blick über das liebliche Kohrener Land belohnt. Bei guter Sicht zeigt sich in nördlicher Richtung das Völkerschlachtdenkmal, nach Süden reicht der Blick über Altenburg bis zum Kamm des Erzgebirges.

Nach dem Abstieg lockt, neben verschiedenen thematischen Ausstellungen, noch ein besonderer Leckerbissen in den Nordflügel der Anlage – die spätgotische Kapelle mit ihrem sternenförmigen Zellengewölbe und den nicht minder imposanten Vorhangbogenfenstern. Sie wird Ende des 15. Jahrhunderts unter der Ägide Heinrichs I. von Einsiedel (um 1435–1507) errichtet. Heinrich I. von Einsiedel gilt auch als Auftraggeber für ein wahres Kleinod – drei wandelbare Flügelaltäre. Sie entstehen um 1501/03 in der Zwickauer Werkstatt eines unbekannten Hauptauftragnehmers, wohl aus Franken stammend. Als Bildschnitzer für die üppigen Gesprenge

bzw. Figuren des Marien-, Annen- und Bartholomäusaltars zeichnet der Zwickauer Bildschnitzer Peter Breuer (1472–1541), ein Schüler Tilmann Riemenschneiders, verantwortlich.

Im westlichen Vorhangbogenfenster auf der unteren Scheibe ist der in der Burgkapelle Gnandstein predigende Martin Luther zu sehen. Zu seinen Zuhörern zählen Mitglieder der Familie von Einsiedel und Georg Spalatin. Wenn auch ein persönlicher Besuch des Reformators auf Burg Gnandstein unwahrscheinlich erscheint, so ist seine Beziehung zu den Gnandsteiner Burgherren doch sehr intensiv. Haugold bzw. Haubold von Einsiedel (um 1462–1522), der

◄
Gnandstein ist ein beliebtes
Ausflugsziel bei Zwei- und
Vierbeinern

unten: spätgotische Kapelle
der Burg Gnandstein

älteste Sohn Heinrichs I., zählt frühzeitig zu den Anhängern der lutherischen Reformation. Bereits 1519 steht er erstmals offiziell in deren Dienst. Mehrere Begegnungen mit verschiedenen Reformatoren folgen; so trifft er im November 1520 in Eilenburg mit Luther und Philipp Melanchthon zusammen. Er stirbt 1522 als hochgeachteter Rat Kurfürst Friedrichs des Weisen und Herzog Georgs des Bärtigen.

Schon die Belehnung der beiden ebenfalls der Reformation anhängenden Brüder Haubolds, Heinrich Hildebrand von Einsiedel (1497–1557) und Heinrich Abraham von Einsiedel (1504–1568), mit ihrem Erbe durch den streng altgläubigen Herzog Georg den Bärtigen ist mit Schwierigkeiten verbunden. Nur widerwillig und wohl nur in Erinnerung an die Verdienste des Vaters bzw. des Bruders stimmt er der Belehnung zu. Bereits 1519 trifft Heinrich Hildebrand Martin Luther anlässlich der Leipziger Disputation. 1522 schließt sich ein Treffen der beiden in Borna an. Heinrich Abraham begegnet dem Reformator zwei Jahre später auf dem Reichstag in Worms. 1525 heiratet der Gnandsteiner Pfarrer Adam Rößner seine Verlobte und predigte in deutscher Sprache. Als Rößner zwischen August und November 1525 wegen Krankheit, aber auch wegen

anstößigem Lebenswandel entlassen wird, folgt ihm ein evangelisch-lutherischer Prediger aus Wittenberg.

Die bereits anlässlich der Belehnung deutlich gewordenen Zwistigkeiten zwischen dem altgläubigen Herzog Georg und den beiden den lutherischen Reformationsgedanken anhängenden Brüdern von Einsiedel auf Gnandstein erreichen Ende 1527 ihren Höhepunkt. Am 14. Dezember verbietet Georg der Bärtige 18 Dörfern, ihren Einsiedelschen Lehnsherren Zins, Rente, Dienste und Frone zu leisten. Kaum einen Monat später, am 10. Januar 1528, fügt er hinzu, dass die von Einsiedel ihre evangelischen Priester verjagen und katholische einstellen, einen Bischof um Absolution bitten und sich mit Messen, Hören der Predigt, Beichten u. Ä. als gute Katholiken beweisen sollten. Bei weiterem Ungehorsam sollten sie ihre im albertinischen Teil Sachsens gelegenen Besitzungen verkaufen und das Land verlassen.

Die von Einsiedel beugen sich zunächst dem Landesherrn und entlassen im Januar 1528 den Gnandsteiner Pfarrer. Martin Luther äußert sich in einem Brief an Georg Spalatin aufgebracht über diese Handlungsweise. Die Kirchenstelle in Gnandstein bleibt zunächst unbesetzt. Die Gnandsteiner Untertanen besuchen die evangelischen Gottesdiens-

te in den ernestinischen Nachbarorten. Jedoch bereits im September 1528 tritt mit Nicolaus Mühlich ein evangelischer Pfarrer aus Penig seinen Dienst in Gnandstein an und keine zwei Jahre später, im Februar 1530, bittet Heinrich Hildebrand von Einsiedel den Amtmann zu Rochlitz für das im Machtbereich Herzog Georgs gelegene Dorf Langenleuba um einen evangelischen Pfarrer, ein deutliches Bekenntnis zur Lehre Luthers. Zehn Jahre später, im Januar 1541, bezeichnet der Reformator die von Einsiedel als ein »seltenes und einzigartiges Licht im verworrenen Dunkel des Adels dieses Jahrhunderts«. ●

▶ **FALK SCHULZE**
ist Dipl. Museologe (FH) und arbeitet in der Staatliche Schlösser, Burgen und Gärten Sachsen gGmbH auf Burg Gnandstein.

Gemeine Kästen und verärgerte Mönche

Die Stadt Leisnig hat herausragende und ganz eigene Beiträge zur Reformation geleistet
—

VON HEIKO JADATZ

Leisniger »Kastenordnung« von 1523

Die Stadt Leisnig ging im Blick auf die Wittenberger Reformationen streckenweise ganz eigene und ganz herausragende Wege. Das hatte verschiedene Ursachen – den geistlichen Einfluss durch das nahegelegene Zisterzienserkloster Buch, die bedeutende politische Stellung der einstigen Burggrafschaft und das wohlstandsbedingte bürgerliche Selbstbewusstsein.

In Leisnig war seit dem Ende des 12. Jahrhunderts das Kloster Buch für die geistliche Versorgung der Stadt zuständig. Das heißt, Mönche fungierten als Priester in den Kirchen und als Seelsorger in der Stadt. Das Kirchenwesen und die Armenfürsorge wurden weitgehend durch geistliche Stiftungen getragen. Das kirchliche Personal wurde über das Kloster finanziert. Dieses Konzept geriet in eine Schieflage, als Leisniger Bürger nicht mehr die altgläubigen Priester aus dem Kloster Buch akzeptieren und lieber einen evangelischen Pfarrer in ihren Gottesdiensten haben wollten.

Deshalb baten die Leisniger Bürger den Reformator Martin Luther, in die Stadt zu kommen und sie in dieser Sache zu beraten. Am 25. September 1522 vermerkte Luther schließlich am Ende eines Briefes an Georg Spalatin, dass er nach

Leisnig aufbrechen werde. Luther hat bei seinem Besuch offensichtlich die Leisniger ermutigt, evangelische Pfarrer an der Stadtkirche anzustellen. Kurze Zeit später wählten sie unabhängig von Abt und Kloster in einer Gemeindeversammlung zwei Pfarrer, die fortan evan-

gelische Gottesdienste in Leisnig halten sollten.

In einem Rechtfertigungsschreiben an den sächsischen Kurfürsten Friedrich den Weisen heißt es, sie hätten »die ganze eingepfarrte Gemeinde in Einigkeit christlichen Glaubens alle persönlich versammelt« und »in Ansehung ergangener Prüfung« sowie »in Macht christlicher Freiheit« die beiden Geistlichen Heinrich Kind und Johann Gruner »nach Ausweisung biblischer Schrift ordentlich berufen«.

Es war zu erwarten, dass der Abt von Kloster Buch bei diesen Vorgängen nicht stillhielt. Zumal es sich bei den neugewählten Pfarrern auch noch um zwei ehemalige Mönche seines Klosters handelte. Der Abt machte von seinem Recht Gebrauch und setzte für Leisnig einen eigenen Priester ein, quasi einen »Gegenkandidaten«. Doch die Bürger ließen dem Priester mitteilen, dass sie einen »von der Gemeinde unberufenen Fremdling« nicht anerkennen wollen, und verwehrten ihm den Zugang zur Kirche. Darauf musste er die Leisniger Stelle wieder räumen. Auch der Abt hat

Burg Mildenstein
in Leisnig

▶ **Seite 58**
Ausstellung zur Leisniger
»Kastenordnung« im Stadtgut
Leisnig

wohl von weiteren Versuchen, von seinem Besetzungsrecht Gebrauch zu machen, Abstand genommen. Vermutlich nicht zuletzt deshalb, weil Kurfürst Friedrich der Weise die eigenmächtige Besetzung durch die Leisniger Bürger duldete. Vom Kloster Buch wurden nach dem eigenmächtigen Vorgehen Zahlungen und Abgaben an die Leisniger Pfarrei eingestellt. Doch damit hatten die Leisniger Schwierigkeiten, die lutherischen Pfarrer ausreichend zu bezahlen. In diesem Zusammenhang wurden im Januar 1523 die Leisniger Stadträte Sebastian von Kötteritzsch und Franz Salbach zu Luther entsandt, die ihm am 25. Januar die Situation in der Stadt schilderten.

Sie baten ihn um eine Ordnung zur Finanzierung kirchlicher Dinge, vor allem aber zur Bezahlung der evangelischen Pfarrer. Außerdem sollte Luther ihnen die Wahl der beiden Geistlichen bestätigen, um eine Art Legitimation der neuen Pfarrer zu haben. Schließlich baten die Leisniger Bürger Luther um eine Art Kurzanleitung für evangelische Gottesdienste. Kurz darauf erhielten sie eine von Luther erarbeitete Gottesdienstordnung »Von Ordnung Gottis Dienst in der Gemeine«. Auf vier Blättern legte Luther dar, in welcher Form ein evangelischer Gottesdienst zu halten ist. Luther hielt sich an solchen Punkten sehr zurück, denn nach seiner Meinung konnte ein Gottesdienst nicht in Ordnungen »gepresst« werden. Die christliche Freiheit in diesen Dingen war ihm wichtig. So schrieb er in der Ordnung abschließend: »Anders mehr wirt sich mit der tzeyt selb geben, wenn es angeht.« Hauptsache »das wort geht im schwange«. Die Ordnung fand unter den evangelischen Gemeinden eine schnelle Verbreitung, so dass allein 1523 die Leisniger Ordnung in elf Auflagen erschien.

Besonderes Gewicht hatte nun die Leisniger Kastenordnung von 1523. Sie war offensichtlich ein Gemeinschaftswerk von Martin Luther und den Leisniger Bürgern. Das heißt, Luther verfasste das Vorwort und überarbeitete den Text der Ordnung. Den Text selbst verfassten vermutlich die Leisniger Ratsherren selbst. Denn die detaillierten Angaben im Text konnten nur von Ortskundigen stammen. Die Leisniger Kastenordnung regelte nicht nur die Bezahlung der Pfarrer und kirchlichen Mitarbeiter, sondern auch die Armenfürsorge in der Stadt sowie die Erhaltung und Unterhaltung der Kirchen- und Schulgebäude. Sie wird deshalb auch als erste evangelische Sozialordnung in Deutschland bezeichnet.

Die Leisniger »Kastenordnung« gilt als erste evangelische Sozialordnung in Deutschland

Die Ordnung hatte Modellcharakter. Nach dem Vorbild der Leisniger »Kastenordnung« wurde mit der Einführung der Reformation in Kursachsen 1528/29 für alle Gemeinden verordnet, einen »Gemeinen Kasten« einzurichten. Somit hatte Leisnig in der finanziellen Neuregelung evangelischer Kirchen eine Pionierfunktion, auch wenn die Leisniger Kastenordnung unmittelbar nach Inkrafttreten so einige »Startschwierigkeiten« hatte. Denn Kastenvorsteher und Stadtrat gerieten heftig aneinander. Grund war, dass die Stadträte die Verfügungsrechte über die geistlichen Lehen nicht an die Kastenvorsteher abtreten wollten. Sie erklärten ausweichend, sie könnten ohne Genehmigung des Kurfürsten darüber nicht entscheiden. Tatsächlich aber fürchteten sie wohl, nicht unerhebliche Privilegien an die Bürgerschaft abtreten zu müssen. Die streitenden Parteien wurden schließlich im Auftrag des Kurfürsten vom Colditzer Schösser, Benedikt Spörner, zur Anhörung vorgeladen. Nach zähen Verhandlungen gelang es Spörner, zunächst den Streit beizulegen. In diesem Zusammenhang ist wohl auch der Brief des Kurfürsten vom 12. April 1523 zu verstehen, in dem er die Leisniger ermahnt, »die Ding christlich und auß liebe zu handeln, so werd got seyne gnade darzu geben«.

Dass die Leisniger die guten Ratschläge des Kurfürsten nicht annehmen wollten, zeigt der Besuch Luthers in der Mulde-Stadt im August 1523. Luther geriet wohl mit dem Stadtrat heftig aneinander, weil dieser die Zahlungen in den Gemeinen Kasten verweigerte und somit die Pfarrer und Kirchendiener nicht bezahlt werden konnten. In einem Brief an den Kurfürsten bat Luther um die

landesherrliche Bestätigung der Kastenordnung, damit diese eine Rechtsverbindlichkeit erlange. Ein Aufschub der Sache sei unmöglich, denn der »Satan mache durch böse zungen die sach auff beyden seiten bitter und erger« – wie Luther dem Kurfürsten schrieb. Alles Reden und Schreiben nützte nichts. Der Konflikt zwischen Kastenvorstehern und Rat blieb weiter bestehen. Noch im November 1524 schrieb Luther an Spalatin, dass die Leisniger ihren Pfarrer Tilemann Schnabel hungern lassen würden und damit aufs Spiel setzten, dass er die Stadt verlasse. Zur Leisniger Kastenordnung schrieb er Spalatin weiter: Leisnig sei ein schlechtes Beispiel, obwohl es zuerst als das beste Beispiel galt.

Dieser Frühphase folgte 1529 die offizielle Einführung der Reformation im Amt Leisnig. Dafür zog eine Visitationskommission durch die kursächsischen Städte und brachte die kirchliche Neuordnung auf den Weg. Anhand eines überlieferten Visitationsprotokolls ist das Vorgehen für Leisnig zu rekonstruieren. Dort beschweren sich die Visitatoren darüber, dass in Leisnig die Gottesdienste eine »fast ergerliche ungleichheit« gegenüber dem üblichen evangelischen Gottesdienst darstellen. Besonders beklagt man, dass beim Abendmahl der Pfarrer den Chorrock nicht trage. Zudem lege man innerhalb einer Stunde das Evangelium und die Epistel in Predigten aus, doch das, so die Visitatoren, sei eine Überforderung der Predigthörer. Außer

dem wurden »durch ungeschickte prediger von der freiheit« im Gottesdienst Zeremonien abgeschafft, die man durchaus hätte beibehalten sollen. Besonders aber werden die hohen kirchlichen Feste beklagt. Hier halte man in der Leisniger Kirche nur an einem Vormittag Gottesdienst, die übrigen Feiertage aber verbringe man mit »unordentlich trinken, saufen und mussiggang«.

Aus dem Visitationsabschied erfahren wir auch etwas über die schulische Situation in Leisnig. Hier gab es 1529 45 Schüler, die von einem Schulmeister und einem »Unterpädagog« unterrichtet wurden. Für die Schule wurde von den Visitatoren unter anderem festgelegt, dass die Schüler im Sommer um 6 Uhr und im Winter um 7 Uhr den Tag in der Kirche beginnen, eine halbe Stunde lateinische Psalmen, die andere halbe Stunde einen deutschen Choral singen und einige Schüler einen Abschnitt aus der Bibel in Deutsch und Latein vorlesen.

Mit der Visitation wurde der bisherige Colditzer Pfarrer Wolfgang Fuß als Superintendent von Leisnig eingesetzt. Der sächsische Kurfürst überließ ihm weiterhin ein Colditzer Schlosslehen, damit er mit seinem Wechsel von der Zwickauer an die Freiberger Mulde keine Einbußen erleiden musste. Der Leisniger Superintendent war wohl insgesamt sehr auf sein Einkommen bedacht, denn bereits ein Jahr nach Amtsantritt geriet Fuß mit dem Leisniger Rat in Streit, weil dieser ihn nicht ausreichend bezahlte.

Die Visitatoren mussten die Leisniger 1530 ermahnen, ihren Zahlungsverpflichtungen gegenüber dem Superintendenten nachzukommen.

Trotz der anfänglichen Schwierigkeiten nahm die Einführung der Reformation in Leisnig insgesamt einen guten Verlauf. Das lutherische Kirchenwesen konnte hier tragfähig entfaltet werden. Das Zisterzienserkloster Buch wurde zu Beginn der 1530er Jahre aufgelöst. Die Klostergüter wurden vor allem für die Unterhaltung der Fürstenschule in Grimma verwendet. Das Amt des Superintendenten ist bis heute mit der Stadt Leisnig verbunden. Von dieser Kontinuität über die Jahrhunderte hinweg zeugen auch die zahlreichen Superintendenten-Gemälde in der Leisniger Matthäi-Kirche. Lutherisches Bewusstsein in Leisnig spiegelt auch das Bildprogramm des Hauptaltars von 1663/64 wider. ●

Martin Luther –
leidenschaftlicher Gärtner und Genussmensch

Elke Strauchenbruch
LUTHERS PARADIESGARTEN
168 Seiten | mit zahlr. farb. Abb. | Hardcover
ISBN 978-3-374-03802-2 € 14,80 [D]

Elke Strauchenbruch
LUTHERS KÜCHENGEHEIMNISSE
168 Seiten | mit zahlr. farb. Abb. | Hardcover
ISBN 978-3-374-04123-7 € 14,80 [D]

Luthers Familie und die Familien seiner Nachbarn lebten zum großen Teil von selbstproduzierten Lebensmitteln. Wie bewirtschafteten und pflegten sie ihre kleinen Paradiese? Wie hat Luther die Natur wahrgenommen? Elke Strauchenbruch geht diesen Fragen in ihrer gewohnt kenntnisreichen und amüsanten Art nach.

Dass der Reformator gerne aß, das ist weithin bekannt. Schon zu seiner Zeit lebte man nach der Devise: »Wie man's kocht, so schmeckt's«. Wie bereitete man aber zu Luthers Zeit die Speisen zu, und vor allem: Wie schmeckten sie? Elke Strauchenbruch breitet vor ihren Lesern den ganzen Kosmos des Essens im 16. Jahrhundert aus.

Heimat der Katharina von Bora

Die Frau Martin Luthers stammte vermutlich aus Lippendorf bei Böhlen, um das sich heute historische Erinnerungsorte und eine moderne Industrielandschaft erstrecken

—

VON HANS-JÜRGEN KETZER

Porträt Katharina von Bora, Lucas Cranach d. Ä.

Wer sich dem Leipziger Land nähert, kann Lippendorf schon von Weitem ausmachen. Wo es liegt, zeigen die Silhouette des Kraftwerks Lippendorf und die weißen Dampfwolken über den beiden Kühltürmen an. Weithin bekannt wurde Lippendorf freilich als Geburtsort der Katharina von Bora. Ob Katharina allerdings wirklich hier das Licht der Welt erblickte, kann nicht mit Sicherheit behauptet werden. Vielmehr wurden in den letzten zwei Jahrzehnten zunehmend Stimmen laut, die mit Hirschfeld bei Nossen einen anderen Geburtsort favorisieren. Der Genealoge Jürgen Wagner zieht diese vor allen vom Familienverband der Lutheriden vertretene Ansicht jedoch vehement in Zweifel. Ein urkundlicher Beweis lässt sich aber weder für Hirschfeld noch für Lippendorf finden. Die Geburt eines kleinen, wenn auch adligen Mädchens wurde 1499 noch nicht schriftlich festgehalten.

Unzweifelhaft aber ist, dass Lippendorf zum Besitz der Familie von Bora gehörte. Die Möglichkeit, dass Luthers spätere Frau hier geboren wurde, besteht also durchaus. Vielleicht ist das aber gar nicht so wichtig. Das frühere Lippendorf wird ein Besucher ohnehin heute nicht mehr finden. Es wurde im vorigen Jahrhundert von den Anlagen der Böhlener Werke überbaut.

Wenn es heute noch ein Dorf dieses Namens gibt, verdanken wir das einer 1934 getroffenen Entscheidung. Damals wurden die kleinen Orte Lippendorf und Spahnsdorf mit dem größeren Medewitzsch vereinigt. Die so entstandene Gemeinde erhielt nicht den slawischen Namen des größten Ortsteils, sondern den des kleinsten. Das lag in diesem Fall sicher nicht nur am Ungeist der Zeit, sondern auch daran, dass man damit an Katharina von Bora erinnern wollte.

Dies steht durchaus in einer bemerkenswerten Tradition. Zum 300. Reformationsgedenken fand am 2. November 1817 unweit von Lippendorf eine beeindruckende Feier statt. Nicht weniger als 15–20.000 Menschen versammelten sich auf freiem Feld südlich des Dorfes Kieritzsch. Der Ort dieser denkwürdigen Zusammenkunft entsprach dem des damals bereits abgerissenen Vorwerks Zöllsdorf. Martin Luther hatte es 1540 als Wirtschaftsgut für seine Frau gekauft. Katharina baute hier an, was in Wittenberg verzehrt werden konnte. Briefe Luthers bezeugen ihren teils monatelangen Aufenthalt in Zöllsdorf. Auch Luther selbst war hier, sicher kaum für mehr als wenige Tage; doch 1817 hatte diese Tatsache für Sachsen an Bedeutung gewonnen. Zöllsdorf war, wie es ein Zeitgenosse formulierte, durch die Gebietsverluste nach dem Wiener Kongress zum »einzige(n) Ort in Sachsen, an dem Luther längere Zeit lebte und wirkte«, geworden.

Der Schauplatz der Feier von 1817 ist derzeit zwar nicht zugänglich, da er zum Abbaufeld des

Braunkohlentagebaues »Vereinigtes Schleenhain« gehört. Aber das Denkmal, das man später dort errichtete, steht heute auf dem Markt von Neukieritzsch, dem Verwaltungszentrum der Gemeinde, zu der auch Lippendorf gehört. In der kleinen Barockkirche des Dorfes Kieritzsch hängen historische Reliefmedaillons, eines Martin Luther, ein anderes Katharina von Bora darstellend. Der Sage nach sollen sie in Zöllsdorf und danach im Herrenhaus des Rittergutes Kieritzsch gehangen haben. Bezeugt ist, dass sie schon 1785 die Kieritzscher Kirche schmückten.

Im Umfeld Lippendorfs kommt man vielerorts mit der Geschichte der Reformation in Berührung. Das Gebiet der Gemeinde Neukieritzsch wird von einem Katharina-von-Bora-Rundkurs durchzogen, an dem sich einzelne Gedenkorte wie an einer Perlenschnur aufreihen. An allen Stationen erzählen Informationstafeln, was es zu erkunden gibt und wie sich üblicherweise verschlossene Türen für die Besucher öffnen.

Mit dem Zöllsdorf gewidmeten Lutherdenkmal auf dem Markt und der Dorfkirche Kieritzsch wurden bereits zwei Stationen auf dem Katharina-von-Bora-Kurs genannt. In Neukieritzsch steht zudem die erste nach 1990 neu gebaute evangelisch-lutherische Kirche Sachsens. 1998 geweiht, trägt sie Katharina von Boras Namen.

Im Ortsteil Lobstädt liegt der Fokus auf einer historischen Persönlichkeit, die als sächsischer Diplomat maßgeblich am Zustandekommen des Augsburger Religionsfriedens von 1555 beteiligt war. Erasmus von Könneritz, dessen Epitaph sich in der dortigen Kirche befindet, war einst Kreishauptmann des Leipziger Kreises, Oberhofrichter und kursächsischer Unterhändler auf mehreren Reichstagen.

Ein Gefühl für die Frömmigkeit im frühen 16. Jahrhundert kann gewinnen, wer die Darstellung einer Marienkrönung in der Nikolaikirche des Ortsteiles Großzössen betrachtet. Sie ist Teil eines Altaraufsatzes, der sich ursprünglich in der Kirche Breunsdorfs befand, eines Ortes, der durch den Braunkohlentagebau überbaggert wurde. Zu diesem Zeitpunkt befand er sich allerdings längst im Museum Pegau. Dorthin hatten ihn die Breunsdorfer 1903 verliehen, da sie dem Zeugnis vorreformatorischer Zeit lediglich musealen Wert zuerkannten. Wie sich das Verhältnis der Konfessionen im historischen Kontext wandelte, kann man im Ortsteil Deutzen erfahren. Die katholische Kirche St. Konrad und das benachbarte Gustav-Adolf-Haus sind Schauplätze gelebter Ökumene.

Auf die Zeit der Aufklärung verweist die Katharina-von-Bora-Station im Ortsteil Kahnsdorf. Das dortige Rittergut gehörte von 1767 bis 1781 dem Leipziger Theologieprofessor Johann August Ernesti. Mit seiner historischen Betrachtung begründete Ernesti eine völlig neue Sicht auf die biblischen Texte. Überdies war er als Rektor der Thomasschule Bachs Vorgesetzter und Taufpate von dessen Sohn Johann Christian.

Selbstverständlich gehört auch Lippendorf zum Katharina-von-Bora-Kurs. Von der früheren Medewitzscher Kirche ist nach einem Bombenangriff im Zweiten Weltkrieg nur noch das Geläut übrig, das auf einem Glockenstuhl im Freien zu sehen ist. Im Pfarrhaus nebenan ist eine Ausstellung im Wachsen, die nicht allein dem Wirken Katharinas gilt, sondern der Rolle christlicher Frauenpersönlichkeiten aus dem Leipziger Land schlechthin. •

▼
oben: Katharina-von-Bora-Kirche in Neukieritzsch

unten: Kraftwerk Lippendorf

»Ruhesitz« des letzten Meißner Bischofs

*Johann IX. von Haugwitz wurde nach seinem Rücktritt 1581
Herr von Mügeln und des Klosters Sornzig*

—

VON ANDREAS LOBE

◄
Epitaph Johanns IX.
von Haugwitz in der
Johanniskirche von
Mügeln

►
Johanniskirche
in Mügeln

Denkmal des Johann v. Haugwitz in der Kirche zu Mügeln.
aus der „Beschreibenden Darstellung der älteren Bau- u. Kunstdenkmäler Sachsens 28. Heft"
bearbeitet von K. Gurlitt. Dresden, C. C. Meinhold & Söhne.

Die Region um das heutige Städtchen Mügeln ist im Jahre 1063 als kaiserliche Schenkung an das Bistum Meißen gekommen. Dieses bischöfliche Amt Mügeln bildete später zusammen mit dem Klosteramt Sornzig ein kleines kirchliches Territorium zwischen dem albertinischen und ernestinischen Sachsen.

Nach dem Tode von Herzog Georg dem Bärtigen wurde sofort durch seinen Bruder Heinrich die Reformation im albertinischen Sachsen eingeführt. Trotz dieser Umstellung blieb die Herrschaft in den Meißner Stiftsgebieten noch in bischöflich-katholischer Hand. Viele Menschen standen hier beim Bischof in Lohn und Brot und verfuhren nach dem Sprichwort: »Wessen Brot ich esse, dessen Lied ich sing!« Heimlich soll aber schon 1539 in der Stadtkirche St. Johannis lutherisch gepredigt worden sein.

Erst nach dem sogenannten »Fladenkrieg« um die Schutzherrschaft um Wurzen wurde für die Stiftsgebiete des Bistums eine Regelung geschaffen. Dieser Vertrag wurde in Mügeln unter Mitwirkung von Hofprediger Georg Spalatin ausgehandelt und schließlich 1542 in Wurzen unterzeichnet. Danach wur-

den auch in Mügeln die Kirchen evangelisch visitiert.

Das Kloster Sornzig wurde bereits 1539 aufgelöst. Einzig die Schlosskapelle St. Barbara blieb katholisch. Bis zum Tode Bischof Nikolaus' II. von Carlowitz im Jahre 1555 übten mehr oder minder friedlich neben den lutherischen Predigern noch katholische Altarristen ihr Amt aus.

Am 29. Mai 1555 wurde in Wurzen Johann von Haugwitz von dem verbliebenen Rest der Domherren zum 41. Bischof von Meißen gewählt. Papst Paul IV. bestätigte ihn in diesem Amt, aber

Haugwitz lehnte eine ordentliche Weihe zum Bischof ab. Er hatte vor seiner Wahl mit dem sächsischen Kurfürsten August einen geheimen Vertrag abgeschlossen. In diesem verpflichtet sich Haugwitz, als Bischof zurückzutreten und sein Amt dem Kurfürsten zur Verwaltung zu überlassen. Kirchlich und politisch war der Bischof von Meißen zu der Zeit schon völlig machtlos, aber er verfügte noch über großen Besitz an Grund und Boden. So die Städte Bischofswerda, Wurzen und Mügeln sowie die Burg Stolpen. Einfach enteignen konnte der Kurfürst den Bischof nicht, der den Rang eines Reichsfürsten besaß. Dies hätte den katholischen deutschen Kaiser gegen den Kurfürsten aufgebracht!

Bischof Johann IX. von Haugwitz hielt sich erst einmal nicht an diesen Vertrag. Der Kurfürst zettelte daraufhin über einen Erben Nikolaus' II. eine Fehde mit dem neuen Bischof an. Die »Carlowitzsche Fehde« ist die letzte Fehde auf deutschem Boden. Hans von Carlowitz eroberte die Burg Stolpen und erbeutet in Wurzen und Mügeln an die siebenhundert Stück Vieh. Deshalb wird diese Aktion auch der »Saukrieg« genannt. Der Kurfürst war eigentlich verpflichtet, dem Einhalt zu gebieten, schritt aber erst ein, als sein Kämmerer Carlowitz Tatsa-

chen geschaffen hatte. Als »Schlichter« zwischen den Parteien setzte August ausgerechnet Georg von Carlowitz ein, den Bruder von Hans. Der Bischof verlor Bischofswerda und Stolpen und erhielt als Ersatz dafür das unbedeutende Amt Mühlberg an der Elbe. Außerdem blieb Haugwitz auf dem Gesamtschaden von 30.000 Talern sitzen.

Johann IX. sah sich als »Insolvenzverwalter« seines Bistums, was ihm aber beide Seiten nicht lohnten. Kurfürst August setzte dem Bischof einen »Aufpasser« zur Seite. Auf die frei gewordene Stelle des Altmügelner Pfarrherren wurde Bartholomäus Rumbaum als Superintendent berufen. Haugwitz und Rumbaum harmonierten aber untereinander und beförderten das Kulturleben.

1579 unterschrieb in Wurzen Bischof Johann IX. von Haugwitz heimlich die lutherische Konkordienformel und trat offiziell 1581 von seinem Amt als Bischof zurück. Obwohl er seinen Vertrag erst nach sechsundzwanzig Jahren erfüllte, wurde Haugwitz vom Kurfürsten reich für diesen Schritt entlohnt. Er erhielt unter anderem das Klosteramt Sornzig, die Stadt und das Amt Mügeln sowie das

Schloss in Mügeln als persönlichen Besitz. Das renovierte Anwesen führte daraufhin den Namen »Ruhethal«.

Der Stadt Mügeln machte Haugwitz reiche Schenkungen. Die Stadtkirche St. Johannis erhielt einen neuen Altar, eine neue Orgel und Kanzel. Einzig zwei Flügel des aus der Schneeberger Werkstatt der Gebrüder Kordel stammenden Altars sind noch heute erhalten. Die Kanzel mit dem Wappen des Stifters wurde später zu einem kleinen Altar für die Sakristei umgebaut. Als Herr von Mügeln und Dompropst von Naumburg lebte Haugwitz bis zu seinem Tode im Jahr 1595 auf seinem Schloss. Sein Epitaph findet man in der Johanniskirche.

Die Altmügelner Marienkirche, 1134 erstmalig benannt, gehört zu den ältesten und größten Dorfkirchen Sachsens. Im Mittelalter errang sie den Status eines bedeutenden Marien-Wallfahrtsortes. Nach Bauarbeiten wurde sie 1539 als eine der letzten Kirchen im Land katholisch neu geweiht.

Das 1241 von Siegfried III. von Mogelin gegründete Kloster St. Marienthal in Sornzig machte schon eher von sich Reden. Kurz nach Katharina von Bora

ergriffen hier Ostern 1523 ebenfalls sechs Nonnen die Flucht. Allerdings nicht ohne Folgen. Der Fluchthelfer Heinrich Kelner aus Mittweida wurde auf grausame Art hingerichtet.

Nach seiner Auflösung war das Kloster eine begehrte Immobilie. Es ist seitdem mehr oder minder ein Landgut. 1584 versprach Kurfürst August es mündlich seinem Leibarzt Dr. Paul Luther, einem Sohn des Reformators. Das ehemalige Kloster blieb aber in kurfürstlichem Besitz und wurde später von Kurfürstin Sophie, der Frau von Christian II., zu ihrem Witwensitz auserkoren. 1616 zerstörte ein Brand große Teile des Klosters. Nach dem Dreißigjährigen Krieg erhob 1652 noch einmal Johann Martin Luther Anspruch auf dieses Objekt. Heute wird das ehemalige Kloster von einer Stiftung verwaltet. •

▶ ANDREAS LOBE
ist ehrenamtlicher Leiter des
Heimatmuseums Mügeln.

Nonnen, Flucht und Luthertum

*Die Flucht von Luthers späterer Ehefrau Katharina von Bora
und elf weiterer Nonnen aus dem Kloster Nimbschen bei Grimma 1523
machte unter Billigung des Reformators Schule*

—

VON SABINE ZINSMEYER

Ostern 1523 erregte die Flucht von zwölf Nonnen aus einem Zisterzienserinnenkloster größte Aufmerksamkeit: Bei dem Kloster handelte es sich um Nimbschen, nahe der Stadt Grimma im Kurfürstentum Sachsen gelegen, bei der prominentesten Flüchtigen um Katharina von Bora, die spätere Ehefrau Martin Luthers.

Überall im Reich hatten Mönche und Nonnen ihre Klöster bereits seit 1522 verlassen. In dem Jahr wurde Luthers Schrift »De votis monasticis iudicium« gedruckt, die Klosteraustritt legitimierte. Nach der aufsehenerregenden Flucht aus Nimbschen wurde Luther zu einer erneuten Stellungnahme gezwungen. So erschien 1523 die Schrift »Ursach und Antwort, das Jungfrauen Klöster göttlich verlassen mögen«. Damit wandte er sich direkt an weibliche Ordenspersonen und riet ihnen zum Klosteraustritt – monastische Gelübde besäßen keine Begründung in der Bibel. Das Verlassen des Klosters, allerdings nach guter Überlegung, sei gerechtfertigt.

Nicht nur aus Nimbschen, sondern aus zahlreichen mitteldeutschen Nonnenklöstern sind in den 1520er Jahren Jungfrauen in Folge ihres Bekenntnisses zum Luthertum geflohen – die Flucht von Nimbschen machte Schule. In zeitlicher Nähe verließen Nonnen aus Sornzig (bei Mügeln) und aus Sitzenroda (bei Schildau) ihre Klöster. 1524 flohen sechs Jungfrauen aus ihrem Konvent in Seußlitz an der Elbe, noch einmal 13 im Jahr darauf. Auch aus Riesa, Freiberg und Döbeln entwichen Damen aus ihren Konventen.

Befand sich ein Kloster auf kurfürstlichem Gebiet, wie im Fall Nimbschen, wurde Klosterflucht von landesherrlicher Seite nicht verfolgt. Anders dagegen im Herzogtum Sachsen: Herzog Georg der Bärtige erließ 1522 eine Verordnung, die Klosterflucht verbot und Beihilfe dazu streng bestrafte. Auch verhinderte er die Durchsetzung der Reformation bis zu seinem Tod im Jahr 1539.

Nonnen aus herzoglich-sächsischen Klöstern flohen daher häufig über die kurfürstlich-sächsische Stadt Leisnig, die sich inmitten des altgläubigen Herzogtums quasi als reformierte »Insel« befand. Danach reisten die Flüchtigen häufig nach Wittenberg zu Martin Luther, wo sich ihr Weg in vielen Fällen verliert.

Nach der Flucht ihrer Mitschwestern blieb der Alltag für die 18 im Kloster Nimbschen verbliebenen Nonnen weiterhin von Stunden- und Fürbittgebet geprägt. Dies änderte sich jedoch, nachdem die Einführung der Reformation mit dem Speyerer Reichstagsabschied vom August 1526 ihre rechtliche Grundlage erhielt und den Reichsfürsten damit freie Handhabung in Religionsangelegenheiten gewährt wurde. Im Februar 1527 begann auf Anordnung Kurfürst Johanns (gest. 1532) die erste landesweite Kirchen- und Schulvisitation im Kurfürstentum Sachsen. Neben allgemeinen Visitationsordnungen wurden für weibliche Ordenspersonen spezielle Klosterordnungen bindend. Nimbschen erhielt solche 1529 und 1533. Letztere empfahl den Jungfrauen den Klosteraustritt zum Zweck einer weltlichen Heirat. Finanziell sollten sie dann von landesherrlicher Seite durch eine Rente abgesichert werden. Abgesichert blieb eine Ordensfrau auch, entschied sie sich dafür, im Kloster zu bleiben. Dort sollte sie unter Aufsicht der Äbtissin ein klösterliches Leben führen, das ihrem alten Leben stark ähnelte. Allein die altgläubigen Gesänge, Texte und Zeremonien wurden abgeschafft und die Aufnahme von Novizinnen untersagt. So schrumpften die Konvente im Kurfürstentum durch natürliches Aussterben ab 1530 merklich.

Die Klostergüter wurden ab 1531 auf Befehl Kurfürst Johann Friedrichs I. (gest. 1554) sequestriert und vor Ort landesherrliche Verwalter eingesetzt. Auf Empfehlung Martin Luthers wurden die klösterlichen Einnahmen auf dreierlei Weise verwendet: 1. für die Versorgung der Ordenspersonen in den Klöstern, 2. für die Abfindung der ausgetretenen Personen und 3. als Zahlung in den Gemeinen Kasten, um daraus Bedürftige zu versorgen und im Sinne der Stifter für fromme und mildtätige Zwecke einzusetzen. Die zweischrittige Vorgehensweise im Kurfürstentum mit Visitation und Sequestration diente nach der Regierungsübernahme durch Herzog Heinrich 1539 im Herzogtum Sachsen als Vorbild. Letztendlich bildeten die Aufhebung der Klöster, ihre finanzielle Abwicklung und die Abfindung der Ordenspersonen das Ende einer mehrhundertjährigen Geschichte der Klöster in Sachsen.

Das weitere Schicksal Katharinas von Bora ist hinlänglich bekannt: Sie heiratete im Jahr 1525 Martin Luther und führte fortan ein Leben als Ehefrau, Hausfrau und Mutter. Die Namen ihrer sechs Kinder sind bekannt und wir wissen, dass sie 1552 in Torgau verstorben ist, wo sich ihr Grabstein in der Marienkirche erhalten hat. Ihre Verbindung zu Luther ist der Grund, weshalb wir verhältnismäßig gut über sie informiert sind. Dieses Schicksal teilen andere geflüchtete Nonnen aus Nimbschen wie aus anderen Klöstern leider nicht und so bleibt die am meisten porträtierte flüchtige Nonne der Welt eine Ausnahme. •

◄

Ruine des Klosters
Nimbschen

▶ **DR. SABINE ZINSMEYER**
arbeitet im Bereich »Die Deutschen Inschriften« an der Sächsische Akademie der Wissenschaften zu Leipzig, Forschungsstelle Dresden.

▶ **LESETIPPS**
Anne-Katrin Köhler, Geschichte des Klosters Nimbschen. Von der Gründung 1243 bis zu seinem Ende 1536/1542, Leipzig 2003;

Sabine Zinsmeyer, Frauenklöster in der Reformationszeit. Lebensformen von Nonnen in Sachsen zwischen Reform und landesherrlicher Aufhebung, Leipzig 2015

▶ **Seite 67**
links: Blick von der Ägidienkirche

rechts: Marktplatz in Oschatz

Die selbstbewussten Bürger von Oschatz

Wo man in der Reformationszeit heimlich »Luther« las und öffentlich Priester verspottete

—

VON HEIKO JADATZ

Oschatz ist eine Stadt auf halber Strecke, denn sie liegt genau zwischen den beiden größten sächsischen Städten Leipzig und Dresden. Dass aber die Oschatzer dennoch keine halben Sachen machen, sieht man schon von Weitem an den beiden großen Türmen der Ägidienkirche und aus nächster Nähe an den vielen imposanten Gebäuden. Allein das zeugt von großen Blütezeiten der Stadt durch die Jahrhunderte hindurch. Und dabei profitierte Oschatz vor allem von seiner Zwischenstellung als eine wichtige Station an der alten Ost-West-Handelsstraße »Via Regia«. So nährte der Handelsverkehr den städtischen Wohlstand in Oschatz.

Das machte sich auch und besonders im Jahrhundert der Reformation bemerkbar. Der damalige Neubau der Ägidienkirche, das bis heute erhaltene Rathaus von 1540 sowie einige Bürgerhäuser zeugen von dieser Blütezeit. Nicht zuletzt wirkte sich das auch auf den Verlauf der Reformation in Oschatz aus. Die Stadt war eine Amtsstadt im Herzogtum Sachsen. Somit war in den ersten beiden Jahrzehnten nach Luthers Thesenanschlag jegliche reformatorische Regung strengstens verboten, denn der albertinische Herzog Georg bekämpfte in seinem Territorium die Wittenberger Reformation mit nahezu allen Mitteln. Erst nach Georgs Tod im April 1539 wurde die Lehre Luthers auch im Herzogtum Sachsen offiziell eingeführt.

Die aufstrebende Bürgerstadt hatte jedoch zu Beginn des Reformationsjahrhunderts ein durchaus selbstbewusstes Bürgertum, das sich nur ungern von seinem Landesherrn den Glauben vorschreiben ließ. Begünstigend wirkte sich auch die Nähe der Stadt zum sächsischen Kurfürstentum aus. Denn dort konnte fast uneingeschränkt Luthers Lehre in die Kirchen einziehen und sich unters Volk mischen. So fanden im Oschatzer Umland schon in den 1520er Jahren evangelische Gottesdienste statt, während solche in der Stadt selbst bis 1539 bei Strafe strengstens verboten waren.

Das Interesse der Oschatzer Bürger an evangelischen Gottesdiensten muss unglaublich hoch gewesen sein. Denn es ist bekannt, dass sie 1521 in das 25 Kilometer entfernte Döbeln liefen, um die evangelischen Predigten von Jakob Seydler zu hören. Diese Begeisterung für evangelische Gottesdienste machte sich auch in der Stadt Oschatz selbst bemerkbar – es kam sogar zu einem Tumult. Im Frühjahr 1522 versammelte sich vor dem Haus des Altarpriesters Lucas Leder eine aufgebrachte Menschenmenge. Fensterscheiben gingen zu Bruch und folgendes Spottlied soll zu hören gewesen sein:

> »Her Lederer hat eyn hoches haus
> Da gehen hurn und pueben aus
> pfaff Ledrer hat eyn großen balck
> verriet den magister als ein schalgk«

Herzog Georg von Sachsen griff in die Oschatzer Vorgänge deutlich ein. Er forderte Schadensersatz für die Beschädigungen am Haus des Priesters und Bestrafungen für das Spottlied. Im Mai 1522 wurden Stadtrat und Stadtvogt in Oschatz verhört. Dabei wurde deutlich, dass auch viele Stadträte »gut Martinisch weren«. Das Verhör blieb ergebnislos, weil niemand etwas gesehen und gehört haben wollte. Die Schmähungen und Angriffe gegen altgläubige Priester waren mit dem herzoglichen Eingreifen offensichtlich nicht beendet. 1526 verließ der Priester Jacob Loß seine Oschatzer Pfarrstelle. In einem Schreiben an

Herzog Georg beschwerte er sich vor allem über einige Prediger in der Stadt, die verlogen und unehrlich seien und von deren Predigten ihm schlecht werde.

Bemerkenswert in der evangelischen Bewegung sind die Vorgänge von 1532. Seit einigen Jahren gab es im angrenzenden lutherischen Kursachsen evangelische Gottesdienste, die rege von den Oschatzern besucht wurden. Herzog Georg reagierte auf diese Vorgänge mit harten Strafen. Er drohte, dass die evangelischen Oschatzer ihre Häuser und Anwesen verkaufen und das Land verlassen sollten. Die betroffenen Oschatzer baten darauf bei den Söhnen Georgs, Johann und Friedrich, um eine Frist, die ihnen gewährt wurde. Herzog Georg verlängerte die Frist ein zweites Mal bis Weihnachten 1532 in der Hoffnung, die Oschatzer würden sich besinnen.

Doch nur wenige Monate später wurde dem Herzog gemeldet, dass die evangelischen Oschatzer sich heimlich trafen und miteinander Lutherschriften lasen. Zu Weihnachten besuchten einige Oschatzer die Gottesdienste im kursächsischen Mahlis. Der Landesherr erteilte darauf den Befehl, die evangelischen Abtrünnigen aus Oschatz zu vertreiben. Zehn Familien, darunter über 30 Kinder, mussten daraufhin die Stadt verlassen. Kurze Zeit später folgte eine zweite Ausweisung von Bürgern, die in der Fastenzeit 1533 evangelische Gottesdienste in Sörnewitz besucht hatten.

Martin Luther schrieb bereits im Januar 1533 einen Trostbrief an die vertriebenen Oschatzer. Darin heißt es: »Derhalben seid fest und getrost in der Kraft Jesu Christi, und sehet ja zu, dass Ihr gewiß seid und nicht zweifelt, solch Eure Flucht oder Elend gefalle Gott im Himmel sehr wohl. Und obs die Leut vorachten, und vielleicht Euer Herz auch geringe ansiehet, so sollt Ihr doch denken gewißlich, daß es vor Gott und seinen Engeln ein groß Ding ist.« Ein Teil der vertriebenen Oschatzer ist in Wittenberg untergekommen. Offensichtlich hatte sich Luther dafür persönlich eingesetzt.

Es dauerte nach der Vertreibung der evangelischen Bürger noch ganze sechs Jahre, bis auch in Oschatz die Reformation offiziell eingeführt wurde. Im August 1539 wurde durch eine erste evangelische Kirchenvisitation das lutherische Kirchenwesen hier verankert. Den altgläubigen Pfarrer Gregor Thierbach fand man mit 40 Gulden und dem Ertrag der Ernte ab und entließ ihn aus seinem Amt. Die Neubesetzung dieser Stelle bereitete zunächst einige Schwierigkeiten. Im Herbst 1539 wurde von Luther und Melanchthon der bisherige Torgauer Diakon Johann Buchner nach Oschatz eingeladen, von dem es hieß, er sei ein »frummer, stiller, vernunfftiger wolgelerter Man«. Doch nach einer Probepredigt lehnten die Oschatzer den Kandidaten ab mit der Begründung, er habe keinen Magistertitel.

Die Oschatzer favorisierten nun den Döbelner Pfarrer Wolfgang Baumheckel. Die Wittenberger schlugen Johannes Pfeffinger aus Belgern oder Caspar Löner aus Oelsnitz vor. Nachdem sich das Personalkarussell in Oschatz einige Runden gedreht hatte, wurde schließlich doch Johann Buchner Pfarrer und Superintendent in Oschatz. Diese Wahl war letztlich die richtige. Denn Buchner verwaltete bis zu seinem Tod 1564 die Stelle mit größter Sorgfalt. In der kirchlichen Neuordnung ging er behutsam und mit großem Geschick vor. In der Ägidienkirche ließ er am 10. November 1539 – zu Luthers Geburtstag – die Nebenaltäre beseitigen. Die Franziskanermönche ließ er dagegen weiter im Kloster wohnen, da von ihnen kein großer Widerstand ausging. 1540 verwandelte er die Kalandsbruderschaft in eine Kantorei. Neben der Besetzung der Pfarrstellen wurde mit der Reformation auch das Schulwesen in Oschatz ausgebaut. Eine ganze Reihe an Lehrerstellen wurde in der Visitationsordnung festgelegt, darunter auch eine Schulmeisterin für eine Mädchenschule. •

Beginn des »Goldenen Zeitalters« in Pegau

Das älteste Kloster östlich der Saale, 1091 von Graf Wiprecht von Groitzsch gegründet, wurde 1539 aufgelöst

—

VON TORSTEN REIPRICH

I m Jahr 1091 stiftete Graf Wiprecht von Groitzsch das erste Kloster östlich der Saale: in Pegau. Unter dem Benediktinerkloster »St. Jakob« entwickelte sich aus dem Dorf schon bald eine blühende Stadt mit Handwerk und Handel. Herren der Stadt an der weißen Elster blieben die Äbte, die auch weiterhin maßgeblich zur Stadtentwicklung beitrugen, fortan aber auch für Spannungen zur aufstrebenden Bürgerschaft sorgten.

Nach einem verheerenden Stadtbrand im Jahr 1382 übernahm die Bürgerschaft den Wiederaufbau der Stadtkirche »St. Laurentius« und erwarb sich nach 80-jähriger Bauzeit so das Recht, deren geistliche Stelle zu besetzen. Bereits 1523 – 16 Jahre vor Einführung der Reformation – predigte der vom Pegauer Rat eingesetzte Peter Körner ganz im Sinne Martin Luthers. Seine reformatorischen Gedanken, die Körner mit derber Polemik gegen Kurie und Kloster vortrug, wurden von den Pegauern freudig aufgenommen. Vom amtierenden Abt Simon, seinerseits Autor einer Schmäh- und Streitschrift gegen Luther und die »Martinianer«, wurde Körner hingegen heftig bekämpft. Auf Simons Betreiben hin zwang der Merseburger Bischof Adolf den Rat, Körner 1525 zu entlassen. Dies führte zu tumultartigen Protesten der Bürgerschaft gegenüber Rat und Kloster. Etwa 200 Bürger pilgerten nun Sonntag für Sonntag ins ca. 20 km entfernte kursächsische Borna, um evangelischen Gottesdienst feiern zu können. Der altgläubige Herzog Georg hingegen

Die Melanchthonbirne zu Pegau

2. Dezember 1559: Auf dem Weg zu Kurfürst August von Sachsen kehrt Philipp Melanchthon in Jessen (Elster) bei Pfarrer Andreas Göch ein. Göch, ein passionierter Obstzüchter, lässt den Reformator von seinen eingelagerten Birnen kosten. Diese munden Melanchthon so, dass er sich einige Exemplare mitgeben lässt. Diese kredenzt Melanchthon später August und seiner Gattin und die Birnen finden großes kurfürstliches Wohlgefallen. August, bekannt als Gönner des Gartenbaus, belohnt daraufhin den emsigen Obstzüchter aus Jessen: Seine Söhne dürfen die Fürstenschule besuchen.

Als Pfarrer Göch 1565 Superintendent in Pegau wird, bringt er Edelreiser seines Jessener Birnbaums mit und nennt den neu aufgepfropften Baum im Pfarrgarten voller Dankbarkeit »Melanchthonbirne«. Seinen Nachfolgern legt er ans Herz, den »Baum zu schonen und sein warten etc. um des lieben Herrn Präzeptoris willen« – was diese dann auch bis Anfang des 20. Jahrhunderts taten.

Bei der Sorte handelt es sich übrigens um die »Römische Schmalzbirne«, der auch Theodor Fontane in seinem Gedicht »Herr von Ribbeck auf Ribbeck im Havelland« unbewusst ein Denkmal setzte. Friedrich-Carl von Ribbeck ist es gelungen,

Anpflanzung der neuen »Melanchthonbirne«
im Pfarrgarten Pegau

diese nahezu ausgestorbene Sorte nachzuziehen. Im Frühjahr 2010 schenkte er der Kirchgemeinde Pegau ein solches Bäumchen und wir konnten die Melanchthonbirne an ihren alten Platz im Pfarrgarten setzen.

ging mit Härte gegen die Pegauer Abweichler vor. Teilweise wurden sie inhaftiert, mit hohen Geldbußen belegt oder der Stadt verwiesen.

Nach dem Tod Herzog Georgs wurde die Reformation 1539 auch im albertinischen Sachsen eingeführt. Am 2. August kamen die vom neuen Landesherren Heinrich »dem Frommen« eingesetzten Visitatoren nach Pegau, säkularisierten das Kloster und ordneten die kirchlichen Verhältnisse neu. Pegau wurde zum Zentrum eines Kirchenbezirks erhoben. Neben dem Superintendenten amtierten ein Diakon und ein Archidiakon. Zudem begann mit der Reformation für die Elsterstadt das »Goldenes Zeitalter« mit teilweise ehrgeizigen Bauprojekten (Rathaus nach Leipziger Vorbild) und üppiger Ausgestaltung der Kirche. Mit den Bombardements durch die schwedischen Truppen 1644 im Dreißigjährigen Krieg fand die »Goldene Zeit« allerdings ihr jähes Ende.

Am 23. August 1548 trat Pegau noch einmal ins Licht der Reformationsgeschichte: In Folge des »Augsburger Interims« versammelten sich Vertreter beider Konfessionen zum »Pegauer Konvent« im Kloster – unter ihnen kein Geringerer als Phillip Melanchthon. Drei Tage rangen Altgläubige und Protestanten um eine friedliche Einigung in verschiedenen Glaubensfragen und verabschiedeten, ohne nennenswerte Folgen, die »Pegauer Formel«. Mit diesem Kompromisspapier zog Melanch-

thon scharfe Angriffe aus dem protestantischen Lager auf sich. Zum letzten Mal auf deutschen Boden wurde von berufenen Vertretern beider Konfessionen erfolglos versucht, eine Einigung zu erzielen – in Pegau.

Zeugen der reformatorischen Umwälzung zieren bis heute die Pegauer Stadtkirche. Um 1539 entstand ein Fresko mit einem Gnadenbild im Chorraum nach Vorlage des Holzschnitts »Gesetz und Gnade« von Lucas Cranach d. Ä. Ein großformatiges Lutherporträt im Kirchenschiff stammt von 1597. Die Errichtung der Kanzel und des neuen Hochaltars mit dem protestantischen Programmbild »Spiegel der Rechtfertigung« erfolgte 1616 bzw. 1621. Seit 1897 schmücken unter anderem Statuen von Luther und Herzog Heinrich dem Frommen die Außenwand neben dem Südportal. Die Kirchenbibliothek Pegau mit ihren Kostbarkeiten bietet hingegen vor allem ein Abbild der innerprotestantischen Flügelkämpfe des 16. und 17. Jahrhunderts bzw. der lutherischen Orthodoxie. ●

◄ Seite 68
Hochaltar der
Stadtkirche Pegau

▶ DR. TORSTEN REIPRICH
ist Pfarrer im Kirchspiel Pegau
(www. kirchspiel-pegau.de).

Einträgliche Wallfahrtsstätte

Die Röthaer Marienkapelle symbolisiert für Sachsen in einzigartiger Weise den reformatorischen Umbruch vom Mittelalter zur Neuzeit
—

VON ANTJE J. GORNIG

▶ Mondsichelmadonna
in der Marienkirche
Rötha

▼
links: Marienkirche
Rötha von Südwesten

rechts: Innenansicht
Marienkirche Rötha

Lange bevor die 15 Kilometer südlich von Leipzig liegende Stadt Rötha im 18. Jahrhundert als einziger Ort mit zwei Silbermannorgeln im 19. Jahrhundert als Gartenbaustadt sowie mit dem – nach dem Zweiten Weltkrieg abgerissenen – Schloss als Sitz der Alliierten gegen Napoleon berühmt geworden war, lag hier eine über die Landesgrenzen hinaus bekannte Wallfahrtsstätte.

Rötha wurde erstmalig schriftlich 1249 erwähnt, erhielt Ende des 13. Jahrhunderts Stadt- und Marktrecht und war seitdem auch Sitz eines Gerichtsstuhls im Besitz der wettinischen Landesherren. Röthas Geschichte ist eng verflochten mit den Besitzern des örtlichen Rittergutsf, den Familien von Hagenest (13. Jahrhundert), von Birkecht (seit 1350), Pflug (ab 1473) sowie der zur Reichsfreiherrenwürde gelangten Herren von Friesen (ab 1592).

Die vorreformatorische Kirchengeschichte Röthas wiederum ist eng mit dem Leipziger Nonnenkloster St. Georg verbunden, denn dieses besaß ab 1255 die Patronatsgerechtigkeit über die mittelalterliche Röthaer Pfarrei. Deren heutige Kirche geht auf einen vermutlich schon Anfang des 12. Jahrhunderts entstandenen romanischen Bau zurück. Sie zählte zum ältesten Besitz des Nonnenklosters, welches selbst erst ab 1230 in Leipzig nachweisbar ist. Mit der Ersterwähnung ihres Patroziniums Ende des 13. Jahrhunderts gilt die Röthaer Pfarrkirche als die älteste noch erhaltene Georgenkirche im Pleißenland. Aus den Einnahmen waren hohe Abgaben vom Pfarrlehnsinhaber an das Kloster zu leisten, dessen Auswahl die Leipziger Äbtissin zudem bestimmen konnte. Natürlich waren die Nonnen wohl nie vor Ort, nutzten ihr Recht aber für die Ausstattung ihrer Klosterpröpste, die mitunter selbst Röthaer Pfarrer waren. Diese Verbindung sollte sich für die Nonnen bezüglich der kurz nach 1500 in einem Vorort Röthas, in Theka, aufkommenden Marien-Wallfahrt als problematisch erweisen.

Religiös motivierte Reisen zu »heiligen« Orten waren das gesamte Mittelalter hindurch viel praktizierter Frömmigkeitsausdruck. Dieses Bedürfnis nach einer tieferen religiösen Erfahrung erfasste im 15. Jahrhundert alle Bevölkerungsschichten. Auch nahe gelegene Orte, die mit besonderen Wundererwartungen und überirdischen Erscheinungen – zumeist der Muttergottes – verbunden waren, wurden nun zu Zielen.

Laut der Legende erschien einem Schäfer bei Rötha ein Marienbild an einem Birnbaum, dessen Rinde seine kranken Schafe geheilt haben soll. Belegt ist, dass hier, an der Straße von Altenburg nach Leipzig, um 1502 eine Marien-Wallfahrt aufkam, die ein »großes Geläufe« verursachte. Die Pilgerscharen spielten eine wichtige wirtschaftliche Rolle in der nur 500 Einwohner zählenden Stadt. Diese waren nicht nur bereit, einen weiten beschwerlichen Weg zu gehen, sondern brachten Opfergaben (Wachs, Nahrungsmittel, Geld) zur Verehrung mit und benötigten vor Ort Unterkunft und Verpflegung.

So verwundert es auch nicht, dass ab 1509, kurz nach Errichtung einer hölzernen Kapelle zu Ehren Marias, ein Streit zwischen dem Röthaer Pfarrer, dem ortsansässigen Rittergutsbesitzer Wolf Pflug sowie dem zuständigen Merseburger Bischof um die Wallfahrtserlöse entstand. Der albertinische Herzog Georg trat hierbei als Schlichter auf, denn der Bischof hatte den Ort gebannt und verboten, weiterhin hier Messen abzuhalten. Der Herzog bat nun den Bischof, diesen Bann zurückzunehmen, und wandte sich zugleich an den Wittenberger Kirchenjuristen Henning Göde wegen eines Gutachtens. Eine Antwort ist nicht bekannt; 1511 wurde ein Schiedspruch zwischen den Streitparteien erreicht, der die Pilgereinnahmen zur Finanzierung einer neuen steinernen Kapelle unter der Verwaltung des Rittergutsbesitzers bestimmte.

Vermutlich war das wirtschaftlich geschwächte Nonnenkloster schon länger nicht mehr als Patronatsautorität aufgetreten. Durch die weithin Aufmerksamkeit erlangende Wallfahrt und den offen zutage getretenen Streit wurde den Nonnen nun bewusst, welcher finanzi-

elle Nachteil ihnen daraus erwuchs. So ließen sie sich 1513 ihr Patronatsrecht durch Papst Leo X. bestätigen, um Anteil an den Opfergeldern zu erhalten. Offensichtlich verfehlte das Papstprivileg seine Wirkung. Letztendlich musste das Nonnenkloster das Pfarrpatronat zu Rötha mit der nun durch Beitrag des Georgenklosters fertig errichteten Wallfahrtskapelle »Unser Lieben Frauen« zum 7. September 1518 an Wolf Pflug übergeben. Das weltliche Patronat sollte für die Kirchenkasse nachteilig werden, da später festgestellt wurde, dass zu viel Pfarrgut bei der überschuldeten Familie Pflug landete.

Mit der reformatorischen Kritik an Ablasshandel und Werkgerechtigkeit wird auch die Wallfahrt zu Rötha finanzielle Einbußen erfahren haben. Zuerst wurde sie 1524 in Flugschriften des Joachimsthaler Kantors Nikolaus Herman als der falsche Weg, um das Wort Gottes zu erfahren, kritisiert. Ebenso wirkte die Polemik Luthers seit Mitte der 1520er Jahre gegen Pilgerstätten im mitteldeutschen Raum, vor allem gegen die in Eicha und die »zum heiligen Birnbaum« bei Rötha. Da hier erst 1539 die Reformation durch Herzog Heinrich eingeführt wurde, ist unklar, inwieweit die Wallfahrt bis dahin weiterbestanden hat. 1539/40 wird bei der ersten evangelischen Visitation für Rötha Nicolaus Goppner als Priester an der Marienkapelle mit enormen Jahreseinkünften vermerkt. Daher ist es denkbar, dass weiter Messen und Prozessionen dort verrichtet wurden. Das Inventar der

fast ursprünglich erhaltenen spätgotischen Hallenkirche mit Netzgewölbe (heute Röthaer Friedhofskapelle) – darunter eine Stephan Hermsdorf zugeschriebene Marienstatur sowie ein spätgotischer monochromer, um 1525 entstandener Schnitzaltar – deutet darauf hin, dass der Marienkult unter der Familie Pflug weiter gepflegt wurde. Erst der Röthaer Pfarrer Georg Ebert (seit 1532) nahm die neue Lehre zügig an. Durch ihren programmatischen Stil und ihre Entstehungsgeschichte symbolisiert die Röthaer Marienkapelle für Sachsen einzigartig die geistigen und damit kulturellen Umbrüche vom Mittelalter zur Neuzeit. ●

▶ **ANTJE J. GORNIG**
ist freiberufliche Historikerin in Leipzig.

▶ **LESETIPPS**
Thomas Nabert (Red.), Schloss Rötha. Erinnerung und Vision, hrsg. v. Förderverein Rötha – Gestern. Heute. Morgen. e. V., Leipzig 2013;

Rötha und die Orgeln Gottfried Silbermanns (Südraumjournal 13), hg. v. Christlichen Umweltseminar Rötha e. V., Leipzig 2001

Das evangelische Wittum

Herzogin Elisabeth von Sachsen nahm ab 1537 maßgeblichen Einfluss auf die Reformation in Waldheim

VON JENS KLINGNER

Die Leipziger Teilung von 1485 gilt als wichtige Zäsur in der sächsisch-thüringischen Geschichte. Dieser Vertrag besiegelte die Aufspaltung des wettinischen Herrschaftsgebietes in das ernestinische Kurfürstentum und das albertinische Herzogtum. Zu Letzterem gehörte auch das Rochlitzer Gebiet mit der Kriebsteiner Herrschaft und der Stadt Waldheim. Im Umgang mit den Ideen Martin Luthers gingen die beiden sächsischen Landesteile ganz unterschiedliche Wege: Im ernestinischen Sachsen stieß dessen reformatorische Botschaft auf offene Ohren. Die Kurfürsten Johann der Beständige und Johann Friedrich der Großmütige ordneten daraufhin die kirchlichen Verhältnisse in ihrem Gebiet neu und institutionalisierten eine evangelische Kirche.

Im albertinischen Sachsen hingegen lehnte Herzog Georg der Fromme diese Änderungen ab und versuchte, mit eigenen Reformen das römische Kirchenwesen zu modernisieren. Dennoch fanden sich in der Bevölkerung zahlreiche Anhänger Luthers, die nach einer religiösen Veränderung suchten. Ab 1523 gab es im Rochlitzer Gebiet reformatorische Strömungen. In den 1530er Jahren zogen die Lutheraner heimlich in die grenznahen Orte des Kurfürstentums, um dort am evangelischen Gottesdienst teilzunehmen und das Abendmahl in beiderlei Gestalt zu empfangen. Vor allem Colditz, Leisnig oder das zur Herrschaft Herzog Heinrichs des Frommen gehörige Ringethal waren die Ziele solcher Reisen. Für die bestehenden kirchlichen Einrichtungen bedeutete die Reformation auch in finanzieller Hinsicht einen Einschnitt,

denn die Einnahmen gingen aufgrund der sinkenden Spendenbereitschaft der Bevölkerung spürbar zurück. Zudem verließen einige der Mönche des Augustinerklosters in Waldheim wegen der neuen Lehre die Glaubensgemeinschaft. Herzog Georg ergriff eine Vielzahl von Maßnahmen, um den Entwicklungen entgegenzuwirken. Mit Strafmandaten verwies er einige Lutheraner aus dem Rochlitzer Gebiet. Der evangelischen Bewegung tat dies jedoch keinen Abbruch.

Zu einer wesentlichen Veränderung kam es erst 1537 mit dem Einzug Herzogin Elisabeths von Sachsen in das Rochlitzer Schloss. Im Januar desselben Jahres war ihr Gemahl und designierter Nachfolger Herzog Georgs, Herzog Johann der Jüngere, plötzlich verstorben. Als Witwe erhielt die junge Herzogin im März das Schloss, die Stadt und das Amt

gelische Pfarrer und Prediger. Die Herzogin wandte sich in dieser Angelegenheit an Kurfürst Johann Friedrich, der ihr reformierte Geistliche schickte. Eine erste evangelische Predigt wurde im September 1537 in Mittweida gehalten. Als Zeitpunkt der Einführung der Reformation im gesamten Amt Rochlitz ist das von ihr selbständig verfasste Mandat vom 2. Dezember 1537 an den Rat der Stadt Mittweida anzusehen. Hierin erlaubte sie Priestern, in den Stand der Ehe zu treten. Zudem überließ sie die Entscheidung über die Form der Austeilung des Sakraments den Empfängern und es durften nur Priester im Wittum bleiben, die auch das evangelische Sakrament zu reichen bereit waren. Damit schenkte sie ihren Untertanen die Glaubens- und Gewissensfreiheit. Das Mandat erging auch an das Waldheimer Augustinerkloster. Wann genau in der Stadt ein reformierter Pfarrer angestellt wurde, lässt sich nicht erschließen. Für ihr gesamtes Wittum beförderte Elisabeth Anton Musa, den Johann Friedrich nach Rochlitz geschickt hatte, zum Superintendenten und baute damit ein eigenes Kirchenregiment auf.

In der Folge kam es zu Auseinandersetzungen mit Herzog Georg sowie dem Meißner und dem Merseburger Bischof, die das eigentliche Recht zur Einsetzung der Pfarrer besaßen. Mit Drohbriefen wandten sie sich an die Räte und an die Priesterschaft der Städte in Elisabeths Herrschaftsbereich und forderten sie auf, sich gegen diese Neuerungen zu stellen. Unterstützt von ihren beiden engsten Vertrauten setzte sich die Herzogin jedoch durch, und mit dem Beitritt zum Schmalkaldischen Bund im Sommer 1538 sicherte sie die Reformation auch

politisch ab. Im albertinischen Sachsen erfolgte die Einführung der Reformation erst nach dem Tod Herzog Georgs im April 1539 durch dessen Bruder Herzog Heinrich. •

◀ **Seite 72**
Waldheim mit Rathaus und Kirche St. Nicolai

◀ **Seite 73**
Herzogin Elisabeth von Sachsen, Reisebild, um 1577

▶ **DR. JENS KLINGNER**
ist Wissenschaftlicher Mitarbeiter am Institut für Sächsische Geschichte und Volkskunde e. V.

▶ **LESETIPPS**

Jens Klingner (Hg.), Die Korrespondenz der Herzogin Elisabeth von Sachsen, Bd. 2: Die Jahre 1533 und 1534 (Quellen und Materialien zur sächsischen Geschichte und Volkskunde 3/2), Leipzig 2016;

Cordula Nolte, »Got wertz wol machen«. Fürstinnen der Reformation – Elisabeth von Rochlitz. In: Frauen fo(e)rdern Reformation, Wittenberger Sonntagsvorlesungen, Wittenberg 2004, 9–28;

André Thieme (Hg.), Die Korrespondenz der Herzogin Elisabeth von Sachsen, Bd. 1: Die Jahre 1505 bis 1532 (Quellen und Materialien zur sächsischen Geschichte und Volkskunde 3/1), Leipzig 2010;

Günther Wartenberg, Herzogin Elisabeth von Sachsen als reformatorische Fürstin. In: Martina Schattkowsky (Hg.), Witwenschaft in der Frühen Neuzeit. Fürstliche und adlige Witwen zwischen Fremd- und Selbstbestimmung (Schriften zur sächsischen Geschichte und Volkskunde 6), Leipzig 2003, 191–201

Rochlitz sowie im Mai auch die Herrschaft Kriebstein mit der Stadt Waldheim. Ihr sogenanntes Wittum bestand aber nicht nur als Versorgungsresidenz mit wirtschaftlichen Einkünften, sondern umfasste auch alle Herrschaftsrechte. Ihr Schwiegervater hatte bis zuletzt ohne Erfolg versucht, Elisabeth, die bereits in der Eheberedung von 1505 zugeschriebenen Privilegien abzuerkennen. Er befürchtete, sie würde in der Religionsfrage Änderungen herbeiführen. Bereits 1526 hatte sie sich am Dresdner Hof der lutherischen Reformation zugewandt und stand dort in offener Konfrontation zu ihrem Schwiegervater. Nur mit der Hilfe ihrer beiden Verwandten, ihres Bruders, Landgraf Philipp des Großmütigen von Hessen, und ihres Cousins, Kurfürst Johann Friedrich, konnte sie die Zeit am Hof mit teils schweren Auseinandersetzungen überstehen.

In ihrem Rochlitzer Wittum setzte sich Herzogin Elisabeth schnell für die »evangelische Sache« ein. Die von Herzog Georg ausgewiesenen Lutheraner nahm sie auf und bemühte sich um evan-

Sächsisches Versailles

Das Jagdschloss Hubertusburg in Wermsdorf steht sowohl
für den Glanz des Augusteischen Zeitalters in Kursachsen als auch
für dessen schmachvolles Ende
—

VON STEFFEN RASSLOFF

▼
oben: Schloss
Hubertusburg

unten: Detail Schloss
Hubertusburg

Das Augusteische Zeitalter von 1694 bis 1763 gilt gemeinhin als die Glanzzeit Sachsens. Millionen von Besuchern pilgern jährlich ins barocke »Elbflorenz«, um sich an den Prachtbauten und Kunstschätzen Augusts des Starken und dessen Sohnes zu erfreuen. Die opulente Residenzkultur reichte aber weit über Dresden ins Land hinaus und kommt nicht zuletzt in den prächtigen Jagdschlössern der Wettiner zum Ausdruck. Am bekanntesten ist sicher Schloss Moritzburg nahe Dresden, dem August der Starke seine heutige Form verlieh. Sein Sohn Kurfürst Friedrich August II. bevorzugte jedoch ein anderes Domizil, das er zur größten Schlossanlage Sachsens ausbauen ließ: Schloss Hubertusburg in Wermsdorf.

Auf halber Strecke zwischen Dresden und Leipzig in einem ausgedehnten Forstrevier gelegen, war Wermsdorf schon lange Ort beliebter adliger Jagdvergnügen. 1565 hatte Kurfürst August das Dorf samt dem heutigen »Alten Jagdschloss« erworben. Mit Unterbrechungen diente die im 17. Jahrhundert im Stile der Renaissance umgebaute Dreiflügelanlage als Jagddomizil. Im Ortskern von Wermsdorf direkt an der evangelischen Pfarrkirche gelegen, steht es für die »voraugusteische« Zeit. Das Wirken Augusts des Starken und seines Sohnes sollte

dann viele einschneidende Veränderungen für Sachsen und für Wermsdorf bringen.

Sachsen erlebte im Augusteischen Zeitalter den Aufstieg zu einer europäischen Großmacht. Kurfürst Friedrich August I. wurde 1697 zugleich als August II. König von Polen. Seine absolutistische Prachtentfaltung konnte sich mit den erlesensten Höfen des Kontinents messen. Augusts rege Bautätigkeit und Sammelleidenschaft begründeten den Ruf Dresdens als barocke Metropole. Größter Schlossbau der Epoche wurde freilich Schloss Hubertusburg, von August dem Starken ab 1721 errichtet und von dessen Sohn bis 1753 erweitert.

Das nach dem heiligen Hubertus, dem Schutzpatron der Jäger, benannte Schloss gehörte bereits dem Prinzen als Jagdsitz. Es sollte auch nach seiner Regierungsübernahme als Kurfürst und König 1733 einer seiner Lieblingsorte bleiben. Um bei den langen Jagdaufenthalten den ganzen Hof um sich versammeln zu können, lies Friedrich August II. das Schlossensemble durch Oberlandbaumeister Johann Christoph Knöffel auf seine heutige Größe erweitern. Mit dem eigentlichen vierflügeligen Schloss und den ausgedehnten Nebengebäuden hat es sich den Ruf eines »sächsischen Versailles« wirklich verdient.

Freilich spiegeln sich in Hubertusburg auch die Schattenseiten jener glanzvollen Epoche. So brachte etwa die Konversion des angehenden polnischen Königs zum katholischen Glauben große Probleme. Das protestantische Kurfürstentum und spätere Königreich Sachsen wurde nun bis 1918 von einer katholischen Dynastie geführt. Markante Symbole hierfür sind in der Silhouette von Dresden die katholische Hofkirche und die evangelische

Frauenkirche. Auch in Wermsdorf gab es jetzt neben der Pfarrkirche eine prächtige katholische Schlosskapelle, die die gesamte linke Hälfte des Hauptflügels einnimmt.

Insbesondere aber sollte Schloss Hubertusburg zum Symbol für den Niedergang der Wettiner im Wettstreit von »Sachsens Glanz und Preußens Gloria« werden, wie die aufwändigste DDR-Fernsehserie in den 1980er Jahren titelte. Sachsen sah sich im Siebenjährigen Krieg 1756–1763 unter seinem schwachen Herrscher und dessen korruptem Premierminister Graf Brühl dem Preußen Friedrichs des Großen ausgeliefert. Das Land litt über Jahre unter Krieg und Besetzung. Zur wohl bittersten Demütigung des ohnmächtig von Warschau aus dem Geschehen zuschenden Friedrich August wurde die Plünderung von Schloss Hubertusburg 1761.

Mit dem ausgerechnet an dieser wüsten Stätte der Demütigung am 15. Februar 1763 unterzeichneten Frieden von Hubertusburg war der unglückselige Krieg beendet. Während das Königreich Preußen seinen Anspruch als europäische Großmacht militärisch erfolgreich behauptete, fiel das Kurfürstentum Sachsen auf den Status einer deutschen Mittelmacht zurück. Dies gilt nicht allein für den Verlust der Personalunion mit dem Königreich Polen nach dem baldigen Tode Friedrich Augusts II.

Schloss Hubertusburg selbst sollte sich von dem schweren Schlag nicht wieder erholen. Die großen Zeiten als glanzvolle Zweitresidenz neben Dresden und fürstlicher Jagdsitz waren endgültig vorbei. Es folgten Nutzungen unter anderem als Fabrik, Gefängnis und Krankenhaus. Heute wird ein Teil des sanierten Schlosskomplexes von einer Heilanstalt für psychische Krankheiten und von einer Restaurierungswerkstatt des Sächsischen Staatsarchives genutzt. Für das leerstehende Hauptschloss sucht der aktive Freundeskreis Schloss Hubertusburg über gelegentliche Veranstaltungen und Ausstellungen hinaus noch nach einer angemessenen Nutzung. ●

▶ **DR. STEFFEN RASSLOFF**
arbeitet als Historiker und Publizist in Erfurt und hat zahlreiche Publikationen zur Geschichte Mitteldeutschlands vorgelegt.

▶ **WEITERFÜHRENDE INFORMATIONEN**
http://www.freundeskreis-hubertusburg.de/

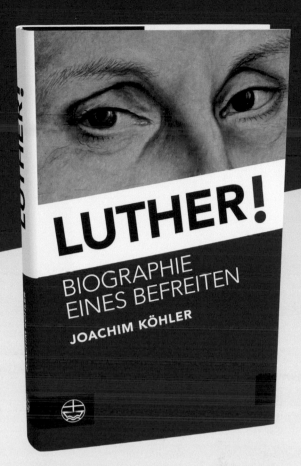

Das Stiftsland

Wurzen und das Wurzener Land gehörten bis weit in die Reformationszeit dem Meißner Bischof

—

VON WOLFGANG EBERT

Das Innere des Wurzener Doms wird heute geprägt durch die bauliche Erneuerung 1931/32

Martin Luther ist wohl niemals in Wurzen gewesen. Die heutige Große Kreisstadt an der Mulde war um 1500 der Mittelpunkt des »Wurzener Landes«, des weltlichen Herrschaftsgebietes der Bischöfe von Meißen. Diese zumeist papsttreuen Landesherren residierten seit 1487 immer öfter in Wurzen. So umging der spätere Reformator auf seinen Reisen doch lieber das Territorium, das sich fast ausschließlich über ein Gebiet östlich der Mulde bis an den Rand der Dahlener Heide erstreckte und von den Hohburger Bergen im Norden bis zum Mühlbach, der aus dem Wermsdorfer Forst der Mulde zustrebte, im Süden reichte.

Trotzdem ist heute auch Wurzen eine Station des sächsischen Lutherweges, der das gesamte ehemalige Herrschaftsgebiet der Bischöfe von Meißen durchquert, denn auch hier finden sich Erinnerungsstätten an das Wirken des Reformators und den Verlauf der Reformation in Sachsen.

Das Panorama der Stadt wird weithin geprägt auch von den Türmen des Domes St. Marien, dem einst bischöflichen Schloss und der Stadtkirche St. Wenceslai. Bereits um das Jahr 1000 hatten die Meißner Bischöfe den früheren Burgward an einer wichtigen Mulde-Furt der Via Regia in Besitz genommen. Um ihn herum bauten sie eine eigene Territorialherrschaft auf und behaupteten sie gegen alle Konkurrenten, vor allem gegen die wettinischen Markgrafen von Meißen.

Im alten Burggelände hatte 1114 Bischof Herwig ein Kollegiatstift gegründet und eine steinerne Pfeilerbasilika errichten lassen, den Vorgänger des heutigen Doms. Dieser entstand in mehreren Bauschritten ab etwa 1160 (Langhaus) in der 2. Hälfte

des 13. Jahrhunderts (gotischer Langchor) und Ende des 15. / Anfang des 16. Jahrhunderts. Die äußerliche Vollendung ist Bischof Johann VI. (von Salhausen; 1487–1518) zu verdanken, der zudem 1503 den Westchor zu seiner Grablege bestimmte. Vom figürlichen Schmuck haben sich nur die Sandsteinplastiken von Kaiser Otto I. und der Meißner Stiftspatrone (Evangelist Johannes und Bischof Donatus von Arezzo) erhalten. Ebenfalls aus dieser Zeit stammen die spätgotischen Wandmalereien eines Raumes im Nordturm, wohl ursprünglich die Bischofskapelle.

Johann von Salhausen ließ auch nördlich der Stiftskirche 1491/97 das mit einem Zwinger umgebene und mit zwei wuchtigen runden Ecktürmen versehene gotische Schloss erbauen, in dem die Bischöfe nun meist residierten. Dies führte dazu, dass sich bereits kurz nach 1500 die Bezeichnung »Thum« (Dom) für die Kollegiatstiftskirche durchsetzte, die seit 1114 dem aus maximal elf Klerikern bestehenden Domkapitel bzw. dem Stift gehörte.

Die häufige Anwesenheit der Bischöfe und ihres Hofstaates in Wurzen mag ein Grund gewesen sein, dass die Stadt und ihre Einwohner zunächst wenig von der Reformation berührt wurden. Hofhaltung und Verwaltungssitz garantierten auch Vorteile für

Stadt und Land. Die Reformation in Wurzen begann so mit Druck von außen. 1539 wurde auf Veranlassung des sächsischen Kurfürsten Johann Friedrich ein erster evangelischer Prediger, Johann Hofmann aus Thammenhain, an die Stadtkirche St. Wenceslai geschickt. Bischof Johann VIII. (von Maltitz; 1537–1549) machte demgegenüber keinen Hehl aus seiner lutherfeindlichen Gesinnung; eine ebenfalls aus Wittenberg angeordnete Kirchenvisitation unterblieb deshalb.

Die Spannungen zwischen Kurfürst und Bischof kulminierten schließlich in der sogenannten »Wurzener Fehde«. Unter dem Vorwand, die vom Bischof zurückgehaltene Türkensteuer einzutreiben, ließ Johann Friedrich 1542 durch 400 Reiter Wurzen besetzen. Der kurfürstliche Exekutor Erasmus von Spiegel auf Gruna ergriff sofort recht gewaltsame Maßnahmen zur Durchsetzung der neuen Lehre. Dies schlug gewaltige Wellen. Der Bischof war geflohen und beschwerte sich bei Kaiser Ferdinand III. Herzog Moritz von Sachsen wollte das eigenmächtige Vorgehen seines Vetters nicht hinnehmen, denn seit der Leipziger Teilung 1485 stand dem Kurfürsten und dem Herzog gemeinsam die Schutzherrschaft über das Hochstift Meißen zu.

Auch Moritz rüstete und zog auf Wurzen zu. Die beiden Kontrahenten konnten jedoch noch einmal besänftigt werden, unter anderem durch Luther selbst, der bei dieser Gelegenheit bemerkte, Wurzen sei »der Unkost« nicht wert, »so bereits draufgegangen ist«. In der Bevölkerung ist diese unblutige Fehde als »Fladenkrieg« in Erinnerung geblieben.

Denn Ostern 1542 war sie zu Ende, Stadt und Stift wurden evangelisch, der Bischof blieb Landesherr, das Domkapitel katholisch. Und die Wurzener konnten noch einmal in Ruhe und Frieden ihren traditionellen Osterfladen (eine Art Eierkuchen) essen.

Die Bischofsherrschaft erhielt sich noch weitere vier Jahrzehnte. Für ihr Ende sorgten schließlich der albertinische Kurfürst August und der letzte katholische Bischof von Meißen Johann IX. (von Haugwitz). Auf dem Schloss in Wurzen legte er am 20. Oktober 1581 vor den kurfürstlichen Notaren und dem Domkapitel die Insignien seines Amtes ab (er »resignierte«) und unterschrieb eine 28 Kapitel umfassende Urkunde (er »kapitulierte«), unter der (formalen) Bedingung, dass dem sächsischen Kurfürsten August die Administration des Hochstifts vom Domkapitel übertragen wird.

Für das Wurzener »Capitul« wurde die Reformation zu einem Neuanfang als evangelisches Domkapitel. Ein seltener Fall. So konnte es 2014 sein 900-jähriges Bestehen feiern – mit dem Dom St. Marien, der alle Notzeiten glücklich überstand, und dem Wurzener Land, dessen Namen seit 2009 einer der sieben Sozialräume des Landkreises Leipzig trägt.   •

Blick von der Wenceslaikirche auf den einstigen Stiftsbezirk, die Domfreiheit (heute Amtshof und Domplatz)

▶ **WOLFGANG EBERT**
ist seit 1982 Stadtchronist von Wurzen und Mitbegründer sowie stellv. Vorsitzender des Wurzener Geschichts- und Altstadt-Vereins.

Touristische und kulinarische Angebote

VON MANUELA KOLSTER

Lutherweg in Sachsen

Die Tourismusregion des »Sächsischen Burgen- und Heidelandes« liegt im Herzen des Freistaates Sachsen, zwischen den drei sächsischen Metropolen Leipzig, Dresden und Chemnitz.

Als eine der größten touristischen Destinationen Sachsen vereint das »Sächsische Burgen- und Heideland« eine Vielfalt von Angeboten und Möglichkeiten um einen erholsamen, kulturellen, abenteuerlichen und spannenden Urlaub zu verbringen.

▶ **Tourismusverband »Sächsisches Burgen- und Heideland« e. V.**
Niedermarkt 1, 04736 Waldheim
Tel. 034327/9660,
info@saechsischesburgenland.de
www.lutherweg-sachsen.de
www.saechsisches-burgenland.de

▶ **Torgau-Informations-Center**
Markt 1, 04860 Torgau
Tel. 03421/70140
info@tic-torgau.de
www.tic-torgau.de

▶ **Leipzig Region**
Augustusplatz 9, 04109 Leipzig
Tel. 0341/7104260
info@ltm-leipzig.de
leipzig.region.travel

▶ **Schlösserland Staatliche Schlösser, Burgen und Gärten Sachsen gemeinnützige GmbH**
Stauffenbergallee 2a, 01099 Dresden
Tel. 0351/56391-1001
service@schloesserland-sachsen.de

Dübener Heide

Abwechslungsreiche Angebote zum Genießen, Wellness, Kur, Sport und Fitness sind in den Kureinrichtungen der Stadt Bad Düben im Herzen der Dübener Heide zu finden.

Eintauchen & Wohlfühlen! Im Heide-Spa können Sie den Alltag vergessen. Ruhe finden Sie in der Saunalandschaft mit fünf verschiedenen Saunen oder in der Badewohlfühlwelt mit 32 °C Wassertemperatur. Zahlreiche Treatments für Gesicht und Körper sowie Mooranwendungen stehen im Wellnessbereich zur Auswahl.

▶ **Kurbetriebsgesellschaft Dübener Heide mbH**
Bitterfelder Straße 42, 04849 Bad Düben
Tel. 034243/33660
info@heidespa.de, www.heidespa.de

Dahlener Heide

An die Dübener Heide grenzt nach Süden weisend die Dahlener Heide. Einst war sie Jagdgebiet der sächsischen Kurfürsten, davon zeugt noch heute das Alte Jagdschloss in Wermsdorf.

Gutes Essen hat bis heute seine Tradition in Wermsdorf. Ehemalige Schlossteiche wurden erweitert und die Fischzucht über Jahrhunderte fortgesetzt. Derzeit bewirtschaftet die Wermsdorfer Fisch GmbH zahlreiche Teiche um Wermsdorf und Torgau. Bekannt ist das »Horstseefischen«, welches jährlich am 2. Oktoberwochenende zahlreiche Besucher anlockt.

▶ **Wermsdorfer Fisch GmbH**
Gemeinschaftsstraße 5, 04579 Espenhain
Tel. 034206/72676
info@wermsdorfer-fisch.de

Das Sächsiche Burgenland

Über das anschließende Obstland, das größte Obstanbaugebiet Sachsens, eröffnet sich das sächsische Burgenland. Hier werden 1000 Jahre sächsischer Geschichte greifbar. Eine Vielzahl von Schlössern, Burgen und Herrenhäusern durchzieht das Land. Burgen wie die Burg Mildenstein, die Burg Kriebstein, Schloss Rochlitz oder auch Burg Gnandstein erzählen von einer wechselvollen Geschichte und können besucht werden. Begleitet werden die Bauwerke von der Mulde. Der Fluss ist das prägende Element in der Region und schuf über Jahrtausende hinweg eine abwechslungsreiche Naturkulisse. Bei Sermuth vereinigen sich die Zwickauer und die Freiberger Mulde zur Mulde.

▶ **Förderverein »Obstland« e. V.**
Obstland-Straße 48,
04668 Grimma-Dürrweitzschen
Tel. 034386/95167
foerderverein@obstland.de
www.foerderverein-obstland.de

Kloster Buch

Im Tal der Freiberger Mulde befindet sich die ehemalige Klosteranlage Buch. Neben den regelmäßigen Führungen zum Klosterleben, die im Kloster angeboten werden, findet an jeden 2. Samstag in den Monaten von März bis Dezember ein Bauernmarkt statt. Über 70 Händler und Direktvermarkter aus der Region bieten ihre frischen Erzeugnisse aus eigenem Anbau, eigener Aufzucht und Herstellung sowie ihre handwerklichen und kunsthandwerklichen Produkte an. An vielen Ständen gibt es etwas zu entdecken und probieren.

▶ **Förderverein Kloster Buch e. V.**
Klosterbuch Nr. 1, 04703 Leisnig
Tel. 034321/68592
KlosterBuch@t-online.de
www.klosterbuch.de

Vineta

Der Landschaftswandel zeigt sich im Westen der Region. Wo einst Tagebau-Restlöcher die Natur prägten, entstehen zahlreiche Seen, die zum Wassersport jeglicher Couleur einladen. Verbunden sind die Seen des Leipziger Umlandes mit dem Wasserkanalsystem. Von gemächlichen Wasserwandertouren mit dem Kanu bis zum Wildwasserrafting im Markkleeberger Kanupark hat das Leipziger Neuseenland einiges zu bieten.

Mitten auf dem Störmtaler See entstand 2011 ein besonderer Ort des Gedenkens an die durch den Bergbau verschwundenen Orte im Leipziger Süden. Die Vineta ist ein einmaliges schwimmendes Kunstobjekt, welches für Veranstaltungen genutzt wird. Bootstouren zur Besichtigung werden jeweils am Wochenende angeboten.

Impressum

REGION ZWISCHEN PLEISSE UND MULDE
Journal 33

Herausgegeben von
Arnold Liebers und
Matthias Weismann

Die Deutsche Bibliothek verzeichnet diese Publikation in der Deutschen Nationalbibliographie; detaillierte bibliographische Daten sind im Internet über http://dnb.ddb.de abrufbar.

© 2016 by Evangelische Verlagsanstalt GmbH · Leipzig
Printed in Germany · H 8062

IDEE ZUR JOURNALSERIE
Thomas Maess, Publizist, und Johannes Schilling, Reformationshistoriker

GRUNDKONZEPTION DER JOURNALE
Burkhard Weitz, chrismon-Redakteur

COVER & LAYOUT
NORDSONNE IDENTITY, Berlin

COVERBILD
Bergkirche in Beucha
RÜCKSEITE
Kirchenfenster in Hartha

REDAKTION
Dr. Heiko Jadatz,
Manuela Kolster,
Dr. Heiko Franke,
Dr. Dirk Martin Mütze

BILDREDAKTION
Dr. Steffen Raßloff

ISBN 978-3-374-04525-9
www.eva-leipzig.de

DR. STEFFEN RASSLOFF
verantwortlicher Redakteur

www.luther2017.de

Bildnachweis

Lutz Abitzsch: S. 79 o.
KaterBegemot/Wikipedia: S. 23
Stadtverwaltung Borna: S. 44
BornaerBubi/Wikipedia: S. 45 r.
Dr. Matthias Donath: S. 24, 25, 26, 27, 28, 29, 50, 51
Gerhard Dörner: Coverrückseite
Wolfgang Ebert: S. 8/9, 19 r., 76, 77
Stephan Eichhorn: S. 70 l.
Förderverein Obstland: S. 79 r.
Furfur/Wikipedia: S. 45
Matthias Geuther: Cover
Matthias Günther: S. 70 r., 71
Andreas Hannusch/Wikipedia: S. 33
Anja Heyde: S. 81
Matthias Hönig: S. 69
Jimmy44/Wikipedia: S. 44
Jwaller/Wikipedia: S. 52
Dr. Hans-Jürgen Ketzer: S. 61 o.
Stadt Leisnig: S. 56, 58
Mazbln/Wikipedia: S. 61 u.
Metzner/Wikipedia: S. 32
Heimatmuseum Mügeln: S. 62, 63
Dr. Dirk Martin Mütze: S. 1
Nationalgalerie Oslo, J. Lathion: S. 48/49
Sebastian Poster: S. 45 l.
Alexander Raßloff: S. 34/35
Dr. Steffen Raßloff: S. 80
Dr. Torsten Reiprich: S. 68

Museum Schloss Wilhelmsburg Schmalkalden: S. 73
Andreas Schmidt, LTM: S. 79 u.
Falk Schulze: S. 54, 55 r.
Wolfgang Siesing: S. 4/5, 6/7, 10/11, 14, 15, 16, 17, 18, 19 l., 20, 22, 30, 31, 39, 40, 41, 42, 55 l., 57, 61 m., 67, 72, 74, 78
Günther Spiegel: S. 46/47
Dr. Michael Wetzel: S. 53
Dr. Sabine Zinsmeyer: S. 64/65
Kunstsammlungen der Veste Coburg: S. 38, 60